5秒腹筋

劇的腹やせトレーニング

松井 薫

西東社

はじめに

「お腹を凹ませたい」「美しいお腹を手に入れたい」

そう思って、過去に何度もダイエットを試みても、成果をあげられなくて断念してしまった人が多くいることと思います。また、一度は成果をあげられても、リバウンドしてしまった、という人もいるでしょう。新たにダイエットに挑戦するのであれば、今度は絶対に失敗したくないとも思っていますよね。

本書では〝体に負担をかけない、もっとも効果的なトレーニング『5秒腹筋』〟を紹介しています。

5秒腹筋は、従来の腹筋運動のようなツライ運動をくり返すのではなく、**1回5秒、お腹をつぶすだけ**の、体に大きな負担をかけることのない、それで

5秒腹筋とは？

いて、鍛えたい部位にピンポイントで刺激を与えるトレーニングです。

本書では、お腹にある筋肉を効果的につぶす、8つのメニューを2週間のプログラムに組み込みました。また、二の腕やヒップなど気になる部位にピンポイントで効かせるメニューも紹介しています。

5秒腹筋であれば、これまで断念されてきた方や、運動が苦手だったり、できない方でも誰でも成果を得られ、怪我なく継続することができるはずです。まずは2週間、プログラムを実践していただき、その効果を感じてみてください。

松井薫

脳をだまし
ながら
お腹を
5秒つぶす
運動です

5秒腹筋

劇的 腹やせトレーニング

CONTENTS

2週間で腹囲-10cmを実現!
5秒腹筋ってなに?

STEP 1
誰でも成果をあげられる 2週間プログラム

1週目 5秒でお腹の脂肪を燃やす

1week

2週目 5秒でお腹を引き締める

2week

STEP 2
気になる部位にもアプローチ！
パーツ別トレーニング

STEP 3
5秒腹筋の効果を高める
正しい食事のとり方

2週間で 腹囲−10cm を実現!

5秒腹筋ってなに?

体験モニターの全員のお腹に、ポジティブな変化が現れた“5秒腹筋”。2週間のプログラムに入る前に、まずはポイントとメリットについて紹介していきます。

誰でもできて、5倍の効果！
それが「5秒腹筋」です

姿勢をキープするだけ

POINT 1

キツイ運動がないのでラクにできて、長続きする！

5秒腹筋は、腹筋をつぶして負荷を与える姿勢をキープするだけ。キツイ運動をしないため、運動が苦手な人でも、無理なく続けることができます。

1回たった5秒

POINT 2

体への負担が少ないから誰でもできる！

1回5秒間行うだけなので、腰や関節などへの負担が最小限に抑えられます。筋力や体力に自信がない人でも、簡単にできるトレーニングです。

筋肉と脳をつなげる

POINT 3

イメージの力を使って効果倍増！

5秒腹筋ではイメージの力を利用します。イメージを思い浮かべながらトレーニングすることで、脳からの指令が筋肉に伝わりやすくなり、効果がアップするのです。

この運動は P56で紹介！

狙った所を効率よく鍛える

POINT 4

筋肉と会話することで効く場所に意識を集中！

4つのポイントは次のページから詳しく解説します！

筋肉に意識を集中させることで、狙った場所を効果的に鍛えることができます。5秒腹筋ではこの意識の集中を「筋肉との会話」という形で行います。

激しい運動はいっさい必要なし！

5秒腹筋は筋肉をつぶすだけ

筋肉を鍛える効果が最大になる

5秒腹筋の最大の特長は**「簡単なポーズを持続するだけでOK」**ということ。つまり上体を起こす動作をくり返す、腹筋運動のような激しい運動はいっさい行わなくてよいのです。なぜそんなことが可能なのでしょうか？ それは5秒腹筋が**「筋肉をつぶす」**トレーニングだからです。

「筋肉をつぶす」とは分かりやすくいえば**「筋肉をできる限り縮める」**ということ。それを簡単に体験できるのが、力こぶです。力こぶはヒジを曲げるだけで簡単につくれますが、このとき腕の筋肉（上腕《じょうわん》二《に》頭筋《とうきん》）はつぶれ＝収縮し、負荷がかかっている状態になります。このように、**筋肉を収縮したまま維持することを、アイソメトリック運動（等尺性筋収《とうしゃくせいきんしゅう》縮《しゅく》）と呼び、筋肉を鍛える効果を最大にし、余分な脂肪を燃焼させることが科学的に証明されています。**

「空気イス」もアイソメトリック運動です。静止した状態で体を支えることで、スクワットをしたときと同じ筋肉（大腿筋《だいたいきん》）を鍛えられます。5秒腹筋はアイソメトリック運動を応用した、誰にでもできる簡単なトレーニングなのです。

鍛える効果が最大になる アイソメトリック運動

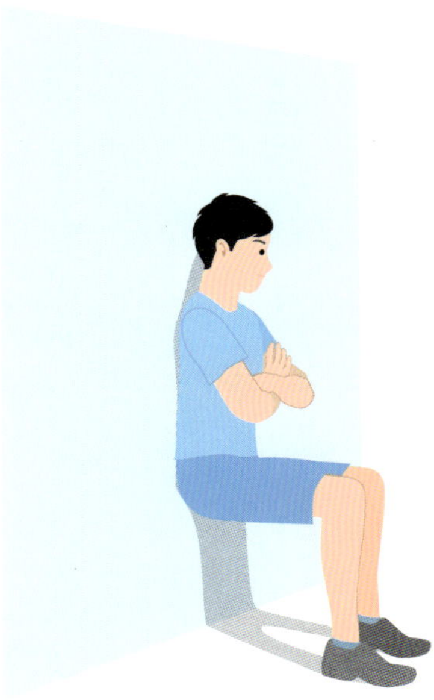

脚がブルブル震える 空気イストレーニング

アイソメトリック運動の代表的なものが、壁に背中をつけ、イスに座ったポーズをとる「空気イス」。しばらくすると太ももがブルブル震えてくる。重力による負荷を静止した状態で抵抗することで、スクワットと同じ筋肉に刺激を与えることができる。

5秒腹筋は ラクなポーズでできる

空気イスはキツイ罰ゲームのような姿勢だが、5秒腹筋はラクにできるポーズ。右の図のように片脚を前に出して立ち、空き缶をタテにつぶすように上体を倒す。腹筋だけに力が入り、1回5秒なのでラクで効率的。

体への負担が少ないから安心！

なぜ5秒腹筋がいいのか

努力の成果がすぐに現れる

従来のトレーニングやストレッチは比較的やり方が複雑で、覚えるのに苦労します。一方、5秒腹筋はいたってシンプル。覚えやすく、思い立ったときにすぐにできるというメリットがあります。

そしてアイソメトリック運動のもうひとつの特長として、従来の筋力トレーニングに比べて、体への負担が少ないことが挙げられます。関節や筋肉に過剰な負担がかからないため、筋肉痛になることも少なく、ケガなどのリスクも少ないのです。また反復運動をくり返すトレーニングに比べて、**ツライ思いをすることなく続けることができます**。

さらに腹筋トレーニングやダイエットに挫折する理由として「努力をしているのになかなか効果が出ない」という点があります。しかしアイソメトリック運動は、**気になる箇所を重点的に鍛えることができるため、比較的早く効果を出せます**。すぐに努力の成果が現れると、うれしいものですよね。

また、1回5秒で数セット行うだけのトレーニングなので、短時間で行うことができます。どこでも気軽に行えることも、5秒腹筋の特長です。

5秒腹筋の4つのメリット

筋肉や関節への負担が少ない

激しい運動ではないので、関節などへの負担が最小限。疲労感が少なく、楽しみながら行うことができる。

やり方がシンプル

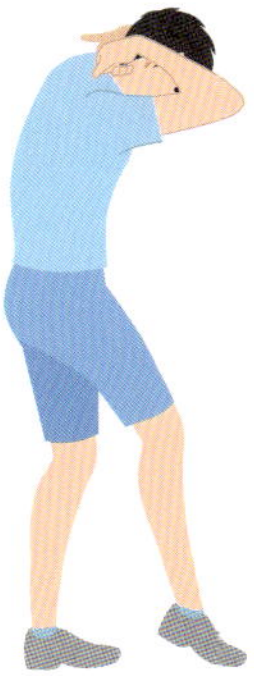

5秒腹筋はやり方がシンプルでじつに覚えやすい。そのため思い立ったときにすぐにできる。

短時間でできる

5秒×数セットで効果が得られる運動なので、1日の中の、ちょっとした時間で手軽に行うことができる。

すぐに効果が出る

従来の腹筋トレーニングに比べて効果が出やすい。達成感をつねに味わえるので、長続きする。

脳をダマしてお腹をどんどん凹ませる

5秒腹筋はイメージの力が決め手

脳をダマせば効果が高まる!

5秒腹筋は筋肉をつぶす運動ですが、その効果を高める方法があります。それは、「脳をダマす」ことです。例えば、腹筋を空き缶に見立てて、その空き缶をつぶすイメージを持ちながらトレーニングを行うと、より効果的に負荷がかけられます。

ボディビル競技を思い浮かべてください。鍛え上げた肉体を審査する競技ですが、競技中彼らはポーズをとります。そのとき、実際に何かを持っているわけではありませんが、手に数十キロのダンベルを持っているイメージをして行っています。つまり、筋肉をダマして緊張状態にして、より筋肉を際立たせているのです。

5秒腹筋は、このイメージの力を利用して効果を倍増させるトレーニングです。イメージをすることで大切なのは、各トレーニングで**鍛えるべき筋肉をしっかりと意識すること**です。筋肉に意識を向けずにただ動作だけを行ってしまうと、規定回数のトレーニングをしても効果は半減してしまいます。筋肉を意識するということは、**脳と筋肉をつなげること**です。具体的な方法についてはＰ16で解説します。

イメージの力を利用する

具体的なイメージを持つことで脳と筋肉を直結させる

腹筋を空き缶に見立てて、その缶をなるべく垂直にタテにつぶすイメージで上体を倒す。頭の中で筋肉の存在や筋肉の状態を意識することで、トレーニング効果を高めることができる。

筋肉に命令し、問いかける！

「筋肉との会話」で効果がアップ

筋肉に意識を集中させよう

さて、5秒腹筋の特長でもうひとつ重要なのが、脳と筋肉をつなぐための**「筋肉との会話」**です。

ちょっと難しい話になりますが、筋肉には「不随《ふずい》意筋《いきん》」と「随意筋《ずいいきん》」の2種類があります。前者は心臓や内臓周辺の筋肉で、後者はお腹や腕の筋肉などです。2つの大きな違いは、自分の意志で動かすことができるかどうか。不随意筋《ふずいいきん》は自分の意志では動かせませんが、随意筋《ずいいきん》は自分の意志で動かせます。つまり随意筋《ずいいきん》はトレーニングで鍛えることができるのです。

ただしその鍛え方にはコツがあります。何も考えず、漠然とトレーニングをするのではあまり効果がありません。逆に**刺激を与えたい筋肉に意識を集中させることで効果を劇的に高めることができるのです**。そのために「筋肉との会話」が重要になります。

実は多くのボディビルダーも、筋肉と会話をしながらトレーニングを行っています。トレーニングで効かせたい筋肉に対して「あと3セット行くぞ」「十分に縮んでいるか?」と話しかけることによって、鍛えている箇所を自身が強く意識することができます。

筋肉と会話しよう！

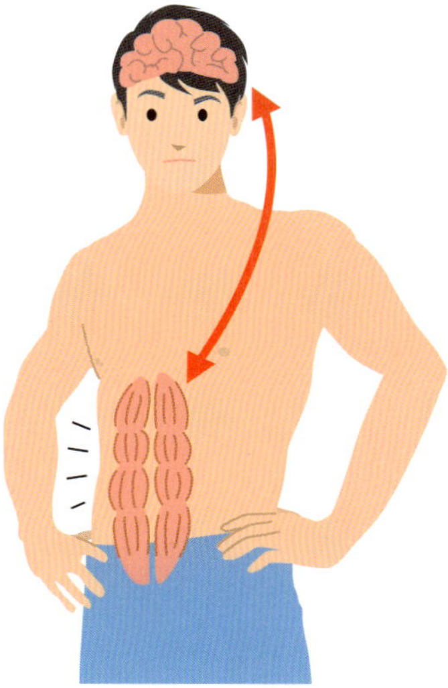

脳と筋肉の関係をスムーズにする

随《ずい》意《い》筋《きん》とは動かすことができる筋肉のこと。つまり脳から筋肉に対して「縮め」という指令が発せられることによって縮む。脳と筋肉とのつながりを感じることでトレーニングの効果が高まる。

筋肉と会話する

トレーニングの動きや姿勢に慣れてくると、ただ決めた回数を行うだけになりがちです。筋肉に負荷を与えるには、1回5秒のたびに、効かせている筋肉にそれこそ話しかけるように意識を持つことが大切です。これがとても重要なのです。

筋肉の位置と役割を知って会話する相手を覚えよう

筋肉と会話するためには正しい位置を頭に入れておく必要があります。
またお腹太りの原因がどこにあるかも、これで分かります。

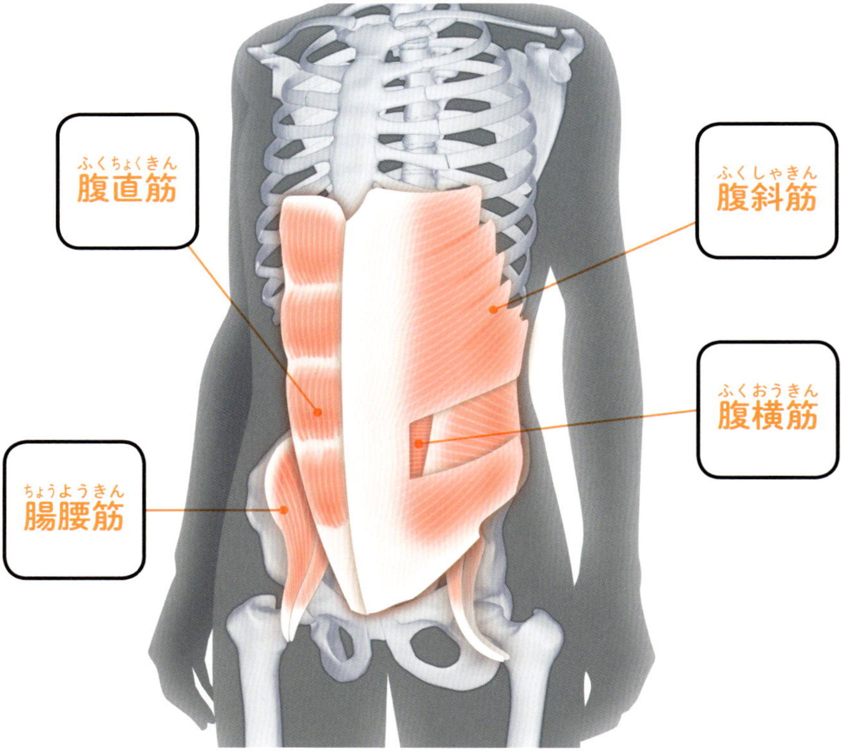

そもそも腹筋とは、具体的な筋肉の名前ではなく、お腹回りの筋肉の総称です。おもな腹筋には「腹直筋《ふくちょくきん》」「腹斜筋《ふくしゃきん》」「腹横筋《ふくおうきん》」の3つがあります。また、腹筋ではありませんが、腹筋とつながる重要な筋肉に「腸腰筋《ちょうようきん》」というものがあります。

これらの筋肉の場所や役割について理解を深めることは各筋肉を意識することにつながり、5秒腹筋の効果を高めるのにとても有効です。

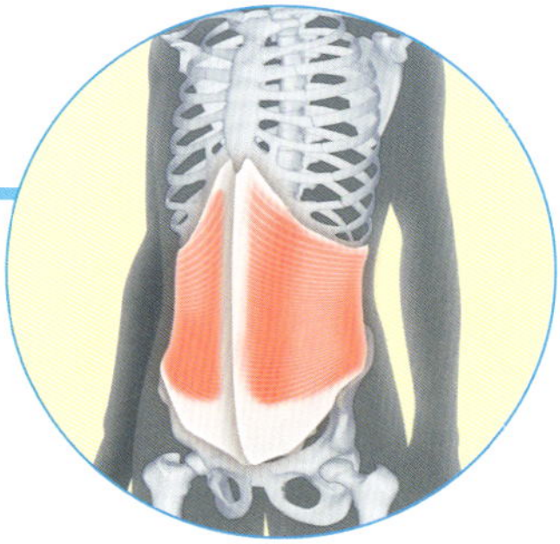

内臓脂肪を燃焼する！「腹横筋《ふくおうきん》」

腹筋の中でもっとも内側に位置する筋肉。別名インナーマッスルとも呼ばれ、姿勢を維持したり、体を動かすときにバランスを保つ重要な役割を果たす。内臓に近いので、ここを鍛えると内臓脂肪を燃焼させてくれる。

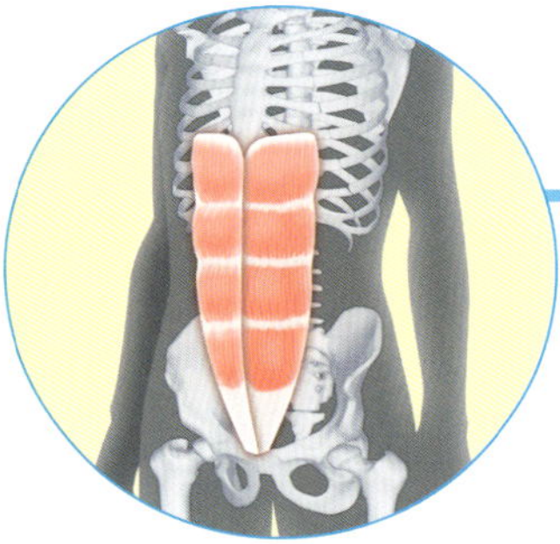

ぽっこりお腹を防ぐ！「腹直筋《ふくちょくきん》」

お腹の前面を真っ直ぐタテに覆っている筋肉で、腹部の臓器を正しい位置にキープしてくれる。この筋肉が衰えると、ぽっこりお腹や二段腹になってしまう。

くびれをつくる！「腹斜筋《ふくしゃきん》」

左右の脇腹に位置する筋肉。「内腹斜筋《ないふくしゃきん》」と「外腹斜筋《がいふくしゃきん》」の2つの層で構成されている。この部分を鍛えればくびれができるようになる。余分な脂肪がつきやすいので要注意。

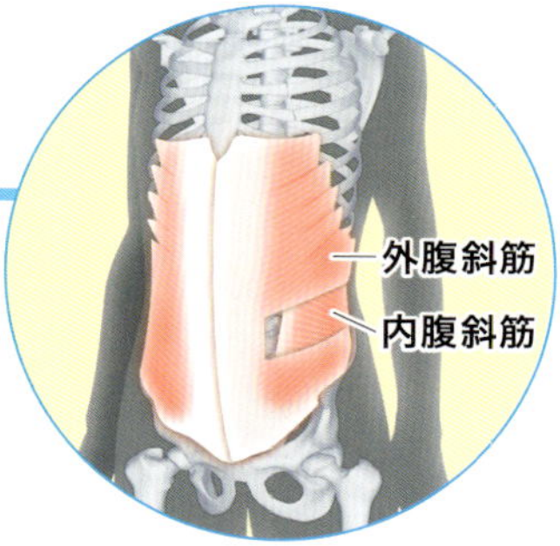

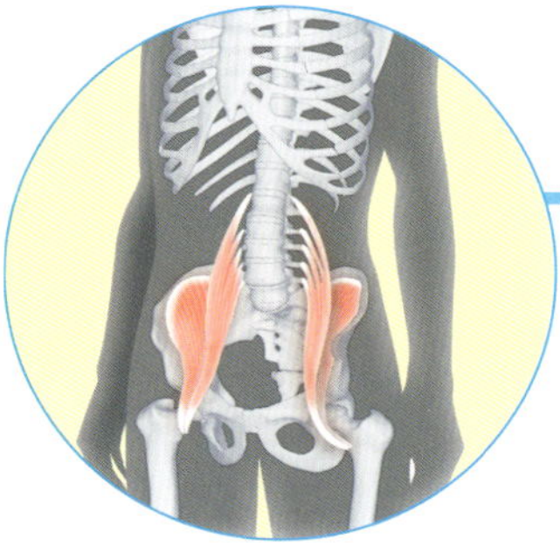

下腹を凹ませる！「腸腰筋《ちょうようきん》」

大腰筋《だいようきん》や腸骨筋《ちょうこつきん》などの筋肉の総称。股関節の動きに関わる、足を前に動かす筋肉。足を固定したまま上半身を動かす際にも使われる。ここが衰えると内臓の位置がさがり下腹が出てしまうので、お腹を凹ませるのに重要な存在。

お腹太りタイプ別対処法

自分の太り方を知って効果的なトレーニングを！

太り方によって鍛える場所が変わる

ひと口に「お腹太り」といっても、下腹ぽっこり、二段腹…など、さまざまなタイプがあります。これらはすべて、腹筋の衰えからくるもので、どの部分の筋肉が弱いのかによって、お腹太りのタイプが変わってきます。大切なのは「自分がどのタイプに当てはまるか」。お腹太りのタイプが分かれば、重点的に弱い箇所を鍛えることができるのです。そこでまずお腹太りの3つのタイプを紹介しましょう。

●**ぽっこりお腹タイプ**…脂肪が厚く、お腹が全体的に大きくせり出している人。いわゆる肥満タイプ

●**下腹ぽっこりタイプ**…一見やせているように見えて、実は下腹が出ている人

●**脇腹たるみタイプ**…脇腹に脂肪がついていて、くびれがない。脇腹が腰の上でつまめてしまう人

左ページではタイプ別に鍛える部位と、重点的に行うべきトレーニングを示しました。

この本で紹介されている2週間プログラムをしっかりと行えば、どのタイプのお腹にも効果が出るようになっています。その上で、自分のお腹のタイプに効果的なメニューを重点的に行うとよいでしょう。

お腹太りの3つのタイプ

1 ぽっこりお腹 タイプ

お腹の脂肪が厚くて指でつまめない状態の人。お腹全体がせり出している人。

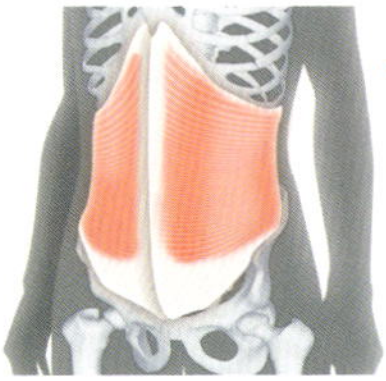

ここを鍛える！

落としやすい内臓脂肪からアプローチ。そのためには、腹横筋を重点的に攻める。

効果アップメニュー

- **脂肪を燃焼する　P56**
- **ぽっこりお腹解消　P54**

2 下腹ぽっこり タイプ

一見やせているように見えて、実は下腹だけが、ぽっこりと突き出ている人。

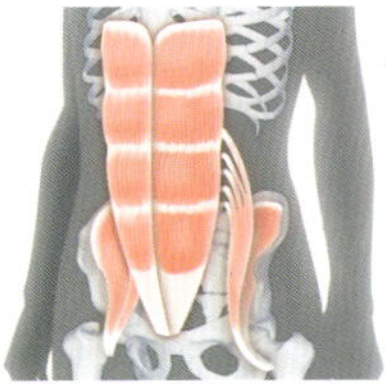

ここを鍛える！

下腹の衰えは、内臓の位置が下がっていることが原因。腹直筋や腸腰筋を鍛える。

効果アップメニュー

- **下腹ぽっこりを解消　P50**
- **下腹を凹ます　P52**

3 脇腹たるみ タイプ

お腹の前面より脇腹に脂肪がついて浮輪のようになっている人。

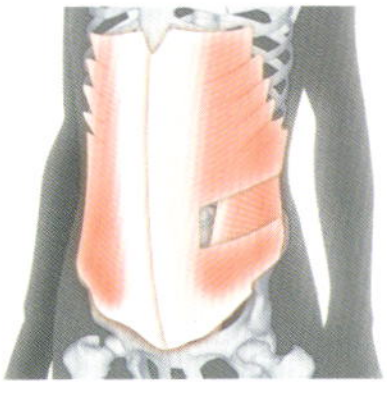

ここを鍛える！

脇腹太りの原因は腹斜筋の衰え。ふだん使わない筋肉なので念入りに鍛えよう。

効果アップメニュー

- **脇腹のたるみをなくす　P66**
- **くびれをつくる　P68**

2週間で
これだけ変わりました！

初日

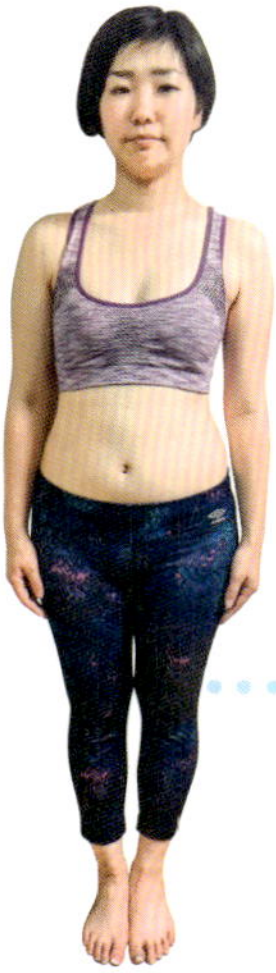

下腹ぽっこりタイプ

運動不足さん

最近下腹が
ぽっこりしてきた
のが気になって
いました

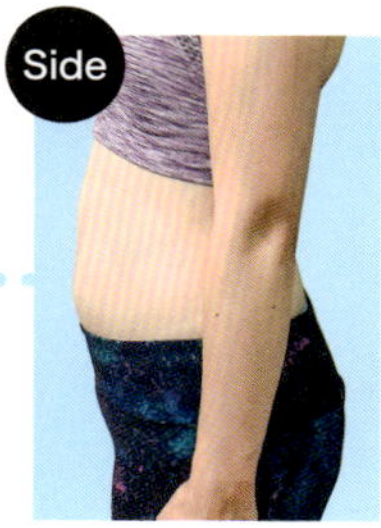

名前
佐久間あおいさん

年齢
26歳

身長
164cm

2週間後の成果

体重	58kg	→ 56.5kg	-1.5kg
腹囲	78cm	→ 74cm	-4cm

こんなトレーニングをしました

1週間目

気になる下腹ぽっこりに効果的な腸腰筋《ちょうようきん》を鍛える「**下腹ぽっこりを解消(P50)**」と腹直筋《ふくちょくきん》を鍛える「**下腹を凹ます（P52)**」を特に意識してトレーニングに取り組みました。1日のノルマを決め、全てできなかった日の分は翌日に多めにやって帳尻をあわせてみました。

2週間目

「**お腹全体を引き締める（P70)**」だけはキツかったので、1日おきにチャレンジしました。できなかった日は代わりに1週目の「**下腹ぽっこりを解消(P50)**」と「**下腹を凹ます（P52)**」を追加して、下腹に効く筋肉を重点的にトレーニングすることにしました。

2週間後

Side

体験してみて

トレーニングをはじめたところ、お腹の奥の筋肉がツライ感じがするだけで、しばらくは変化があまり見られず、効果があるのか心配になっていました。でも、食べる量はそんなに減らしていないのに少しずつ下腹のぽっこり感がなくなってきて、首回りもスッキリ見えるようになってきました。そしていつもしんどかった長い階段の上り下りが段々ラクになってきて、引き締まってきていると同時にしっかり筋力がついてきていると実感しました。

先生からひと言

トレーニング内容を自分の状態に合わせて変更して、毎日少しでもトレーニングした努力がしっかり結果に結びついています。筋肉痛がツライ日に、「全くトレーニングをしない」のではなく、トレーニングの内容を変えて「1回でもトレーニングする」という心がけはとても大事なことです。

注意点

食事にはあまり気を使わなかったようですが、食事も少し意識してみるだけで効果はさらに期待できるものになります。（➡P101）

今後のトレーニング

だいぶお腹が引き締まってきたので、キュッと締まった腹筋をつくる（➡P96〜99）を追加してさらにキレイなお腹を目指しましょう。

下腹ぽっこりタイプ

痩せにくいさん

初日

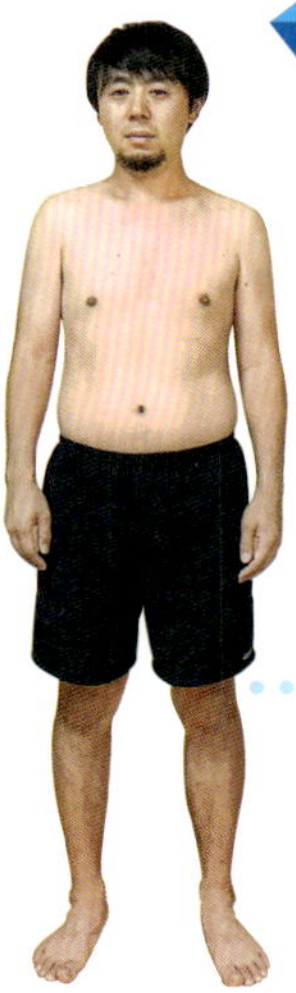

20代のころと
食べる量は
変わらないのに
どんどん体重が
増えてきて
しまいました

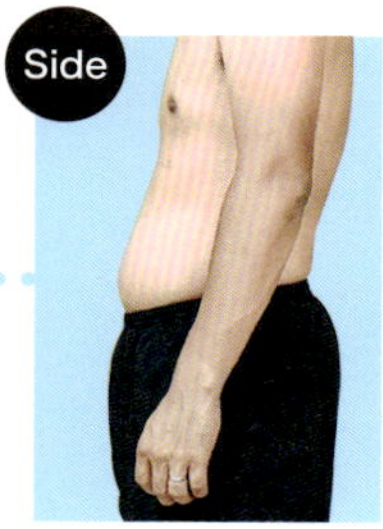

名前
千秋広太郎さん
年齢
34歳
身長
175cm

2週間後の成果

体重	75.8kg → 71.9kg	-3.9kg
腹囲	93cm → 89cm	-4cm

こんなトレーニングをしました

1週間目

下腹ぽっこりに効くものを多くやりたかったのですが、「**下腹を凹ます（P52）**」がお腹がきゅうくつになってツラかったので、日によって減らしてしまいました。かわりに毎日「**下腹ぽっこりを解消（P50）**」を多めに取り組んで、腹直筋を鍛えました。

2週間目

「**下腹ぽっこりを解消（P50）**」を毎日続けながら2週目のトレーニングに入りました。「**くびれをつくる（P68）**」が楽しくなってきたので、全体的に多めに取り組んでみました。「**お腹全体を引き締める（P70）**」は難しくて回数が少なくなってしまう日もありました。

2週間後

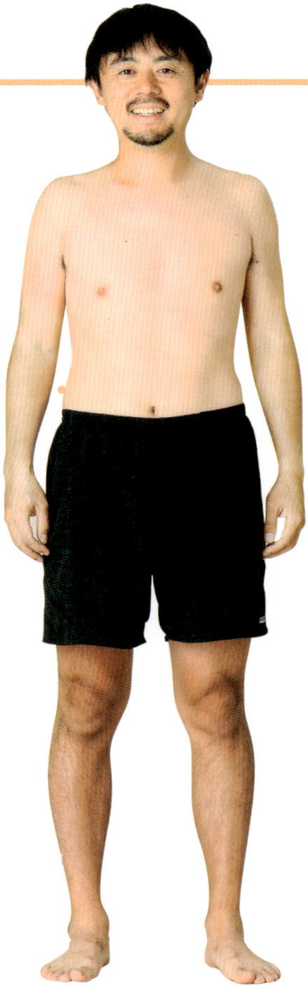

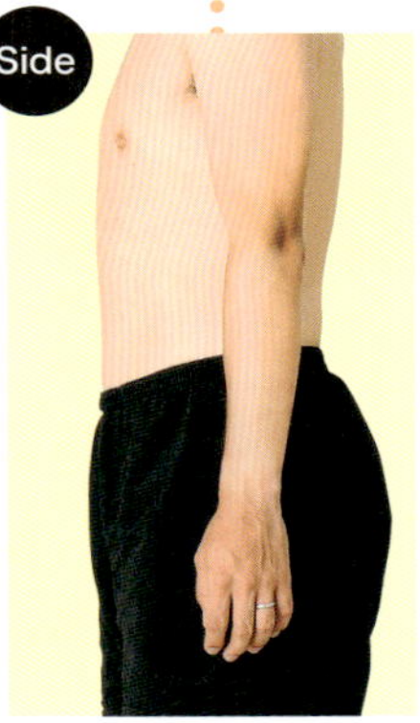

体験してみて

はじめはキツイと感じることも多かったのですが、くり返すうちに段々ラクにできるようになったので、少しずつトレーニングを増やしてみました。下腹のぽっこり感を解消するため、中でも腹直筋を鍛えるトレーニングを多めに取り組みました。1つ1つのトレーニングが短いので自分のレベルに合わせて調節がしやすかったです。2週間やってみてお腹が引き締まるのを実感しました。また筋肉がついて、体力も戻ってきたように感じます。

先生からひと言

下腹に効果を出すため腹直筋を中心に鍛えたのはよいアプローチだと思います。慣れてきて回数を増やしたのも素晴らしいです。レベルに合わせて回数の調節がしやすいのも5秒腹筋の特長です。ただしやり過ぎには要注意。「ちょっとキツイな」と感じるぐらいの回数で止めるようにしましょう。

注意点

少しキツイトレーニングの前後にストレッチがおすすめです。筋肉にいきなり刺激を与えたり、負荷をかけた後のケアをしないのは筋肉を痛める原因になります。

今後のトレーニング

脇腹はもう一段階引き締められそうなので、腹斜筋のトレーニングも増やして引き締まったお腹を目指してみましょう。

脇腹たるみタイプ

二段腹さん

初日

2人目を出産してから
体型が戻らず、
運動不足で
子どもの体力にも
ついていけなく
なってきました

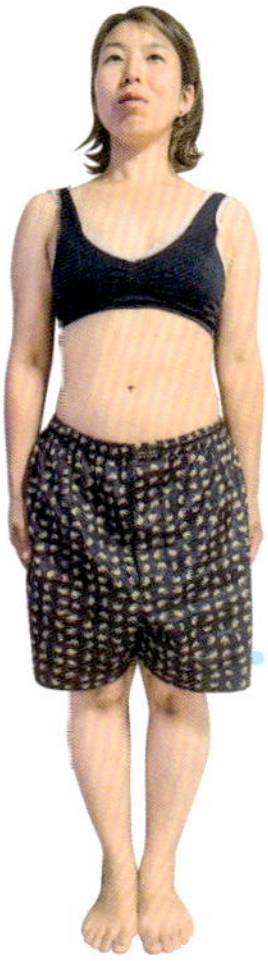

名前
堀川 泉さん
年齢
33歳
身長
157cm

2週間後の成果

体重	53.6kg	→ 52.6kg	-1kg
腹囲	76.9cm	→ 66cm	-10.9cm

こんなトレーニングをしました

1週間目

1番続けやすかったので、「**下腹を凹ます(P52)**」を多めに取り組みました。「**脂肪を燃焼する(P56)**」と「**ぽっこりお腹解消(P54)**」がツラくて1セットを何回かに分けてトレーニングしました。ポーズを維持するトレーニングが多かったので、テレビを観るときなど、少しの時間でも取り組みました。

2週間目

「**お腹全体を引き締める(P70)**」がキツくて毎日できなかったかわりに「**脇腹のたるみをなくす(P66)**」と「**くびれをつくる(P68)**」を多くして、脇腹を集中的に鍛えました。さらに1週目の「**下腹を凹ます(P52)**」と、「**脂肪を燃焼する(P56)**」を家事の合間などに継続して取り組みました。

体験してみて

トレーニングをすると、すぐに汗だくになっていたのに、体重が思うように減らず、はじめは「本当に効いているの?」と思いました。でも腹囲を測ってみると少しずつウエストが細くなってきました。子育てをしていると、トレーニングの時間がなかなか確保できなくてトレーニング量もまばらになってしまいましたが、2週間でお腹が驚くほど引き締まってきて、毎回計測するのが楽しみでした。これからも続けて、今後は体重にも変化を出したいです。

先生からひと言

トレーニングの時間をつくるのにも苦労したようですが、限られた時間で集中的に運動を行い、腹囲に大きな結果を得ることができています。5秒腹筋はほんのわずかな時間行うだけでも効果があります。忙しい人は家事の合間に5分、寝る前に5分といった感じで行うとよいでしょう。

注意点

脂肪が燃焼された分筋肉がついたのが、体重の変化が少なかった理由です。代謝があがり体型は変わっています。あまり体重の数字を気にしすぎないほうがよいでしょう。

今後のトレーニング

お腹を引き締めることができたので、パーツ別トレーニング（➡P79）をやってみましょう。

ぽっこりお腹タイプ

脂肪が厚いさん

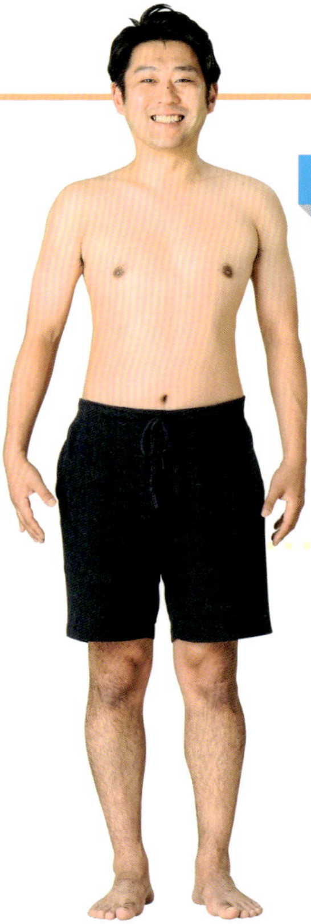

2週間後

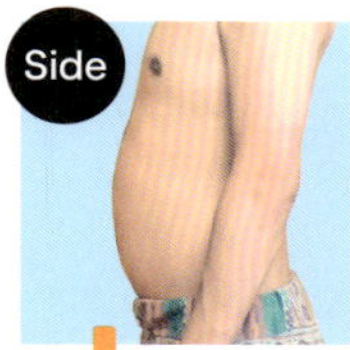

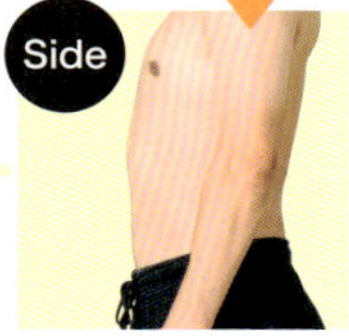

初日

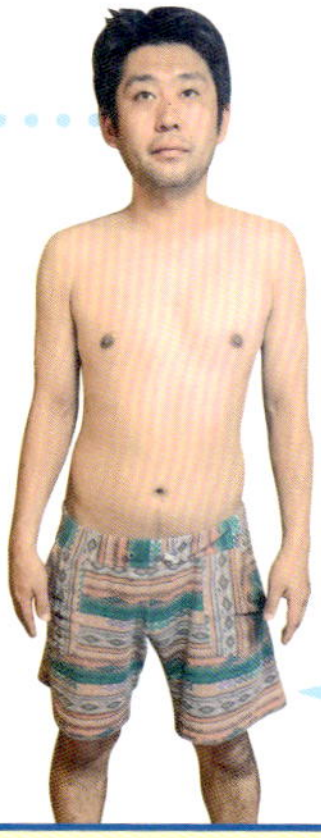

名前
江口友也さん
年齢
42歳
身長
175cm

過去最高の体重を
更新してしまいました

2週間後の成果

体重	74kg → 72kg	-2kg
腹囲	82cm → 80cm	-2cm

体験してみて

元々フットサルが趣味だったので、筋力には自信があったのですが、簡単な動きなのにダイレクトに筋肉に効いている感覚があり、鍛えられていない筋肉があるのだとよく分かりました。仕事が忙しい日は、「継続」が大変でした。時間が取れない日は簡単なもの、時間を取れる日はできなかった分もやるようにすると、お腹がすっきりしてきて、体を動かすのが軽く感じるようになりました。

先生からひと言

基礎筋力があるようなので、P70のようなハードなトレーニングを少ない回数で行うなど、短い時間でも取り組める工夫をするとよいと思います。

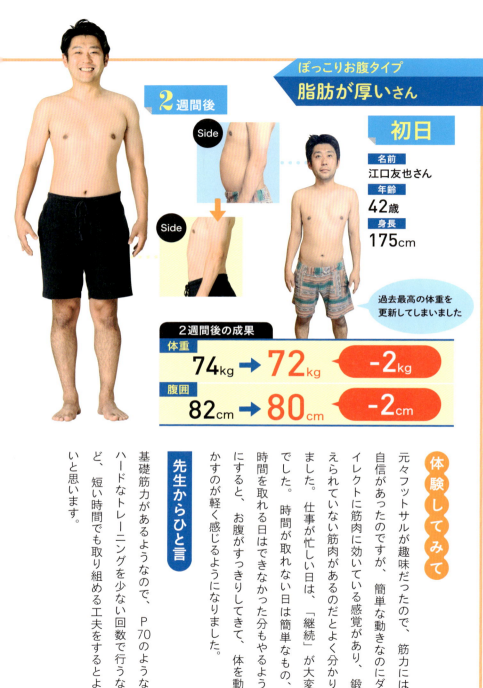

脇腹たるみタイプ

背中にぜい肉がついたさん

2週間後

初日

名前
吉田愛子さん

年齢
50歳

身長
158cm

お腹周りがだらしなくなってきて、はけないスカートが増えてしまいました

2週間後の成果

	初日	2週間後	変化
体重	64kg	62.5kg	-1.5kg
腹囲	84cm	83.3cm	-0.7cm

体験してみて

はじめてすぐにきつかったスカートが、はきやすくなってきて驚きました。日々少しずつ変化を実感できて、腹筋や呼吸について日常的に気にして過ごす習慣ができました。筋肉がついてくると目に見えてお腹のたるみが引き締まってきて、嬉しくてさらに頑張れました。今後は下腹のぽっこり感を解消できるようトレーニングを続けていきたいです！

先生からひと言

数字では少ない結果に見えますが、見た目の変化が大きく出ています。日常で腹筋や呼吸について意識することができたのも素晴らしいです。今後は下腹のぽっこり改善のため腹《ふく》直筋《ちょくきん》と腸腰筋《ちょうようきん》を中心に鍛えていきましょう。

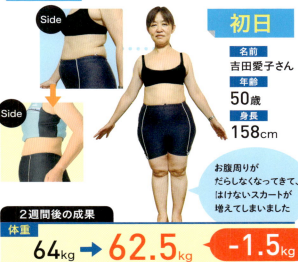

なぜモニターは結果を出せたのか？

ツライ腹筋運動はムダだった！

ツライ腹筋は腰や背中を悪くする

モニターたちは、かつては挫折の連続でしたが、今回「5秒腹筋」で見事に結果を出すことができました。その理由は「正しい方法」で行ったこと。**彼らはいままで間違った方法で行ってきたため、効果が出なかったのです**。では、どんなところが間違っていたのでしょうか?

たとえば腹筋運動に関して「おへそを見ながら体を丸めて起き上がる」という人が多いですが、これは大間違い。お腹にはほとんど負荷がかからず、逆に何度もやるうちに腰や背中に過度の負荷がかかってしまうのです。結果、一生懸命回数をこなしても思ったようにお腹が凹まず、体も痛くなり、そのうち挫折してしまうわけです。

また、モニターの中にはお腹に巻くタイプの腹筋器具を使っていた人もいました。しかしこれだけではお腹を引き締めることはできません。筋肉に刺激を与えてはいても、自分自身が鍛えている箇所をイメージもしなければ、筋肉と会話もしないため、意識が向かず効果が期待できないのです。5秒腹筋に比べ、時間とお金をムダにしているといえます。

効果が出ない落とし穴

全身運動なうえ腰や背中を痛める

首を抱えて起き上がる腹筋運動は、じつはNG。腕の力と上体の反動を利用した全身運動になっており、腹筋に負荷がかかりにくく、逆に首や背中を痛めることも。

腹筋器具は効果なし!?

テレビショッピングなどで紹介される腹筋器具。「ながら」はラクで刺激もあるが、筋肉を意識していないため、効果は薄くて結果が出にくい。

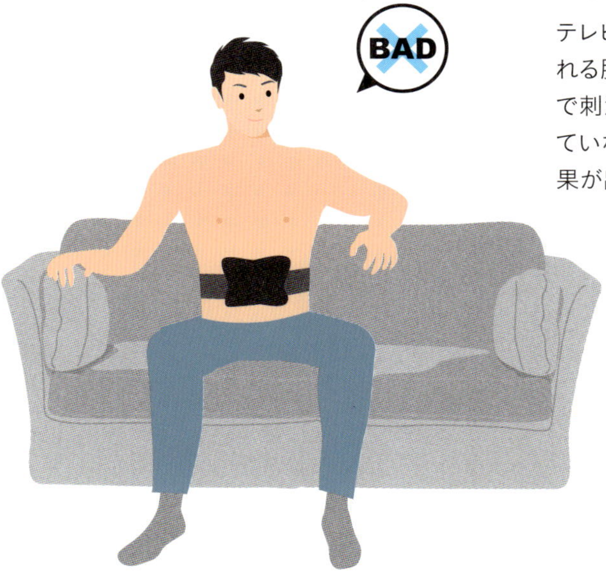

オーバーワークに要注意

あなたのやり方、間違っています

いくらやっても効果がない理由とは？

これまで、モニターたちは他にもさまざまな方法を試していました。たとえば手軽に始められる代表のランニング。でも、実はこれ、挫折する人がほとんどだったようです。

実際、ランニングはオーバーワークになったり、ヒザを痛めたりするので、お腹やせや体重ダウンの目的にはあまりおすすめできません。

また、ダンベルなど、器具を使ったトレーニングにも要注意。二の腕を細くしようと毎日ダンベルを上下させる運動を行っていた女性がいます。しかし1か月たっても全く効果なし。そこで実際にやっているところを見せてもらうと、原因が分かりました。ダンベルを持ち上げることが目的になり、全身で勢いをつけて持ち上げていたため、腕の筋肉はほとんど使わず関節や足腰を鍛えてしまっていたのです。こうした「カタチだけマネして、やったつもり」には十分に気をつけなければなりません。

このように世の中で流行しているトレーニング法にはダイエットに向いていなかったり、やり方を間違えると逆効果になったりするものが多いのです。

こんなやり方では効果がない!

体への負担が大きいランニング

ランニングは体重が重いとヒザを痛めてしまう可能性が大。むしろ毎日30〜40分程度のウォーキングがおすすめ。

動作をくり返しているだけの器具を使った運動

ダンベルなど器具を使った運動は、動作をくり返しているだけでは効果が薄く、反動を使ったトレーニングになりがち。ただし、5秒腹筋の「イメージ」や「会話」を意識すれば効果がある。

お腹やせ以外に、こんな効果が！

筋力アップでみるみる健康に

筋肉量が増えるとプラスの波及効果が

5秒腹筋を実践していくと脂肪が減り、筋肉量が増えるのでお腹が凹みます。この**「筋肉量が増える」＝「筋力アップ」**には、ほかにも効果があります。まず現れる効果として**基礎代謝の向上**です。代謝が上がると、日常生活をしているだけでも消費カロリーが高まります。例えば、座ってばかりのデスクワークが多い人でも、基礎代謝が上がるだけで、今までと全く同じ生活を送っていても、太りにくくなります。基礎代謝は筋肉の量と比例しているのです。

代謝向上と同時に、**免疫力が上がります**。筋力がアップすると体温が上がり、血行がよくなります。その結果、体全体に栄養や酸素が行き渡り、免疫力が向上。体調不良になりにくい体になります。

また、腹横筋《ふくおうきん》や腸腰筋《ちょうようきん》などのインナーマッスルが鍛えられることは、姿勢を保つ**「体幹」が鍛えられることでもある**ため、姿勢矯正にもつながります。血行不良や姿勢が悪いせいで起こっていた体の不調、たとえば**腰痛や肩こりなども解消**されるようになります。このように、筋肉量が増えると、さまざまな健康効果をもたらしてくれます。

筋力アップで現れるダイエット効果
代謝がよくなる

代謝とは、脂肪を燃やしてエネルギーに変えること。代謝の約40％は筋肉が担っているので、筋肉を鍛えればエネルギー消費量が増し、「やせやすく、太りにくい」体になる。

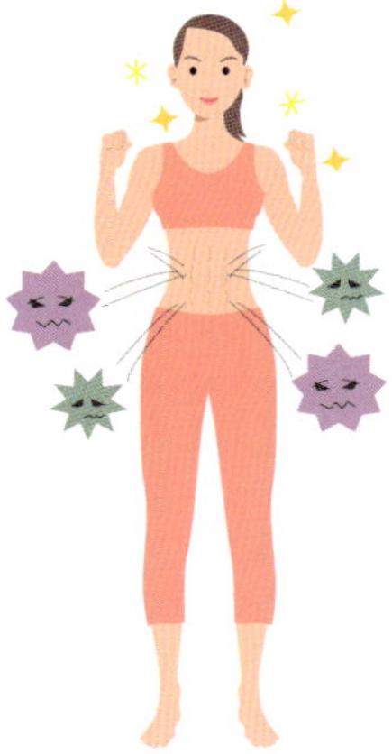

筋力アップで現れる健康効果
免疫力がアップする

筋力アップで体温が上がり、血行がよくなる。その結果リンパの流れもよくなり、栄養や酸素も十分に体に行きわたるため、免疫力が大きくアップする。

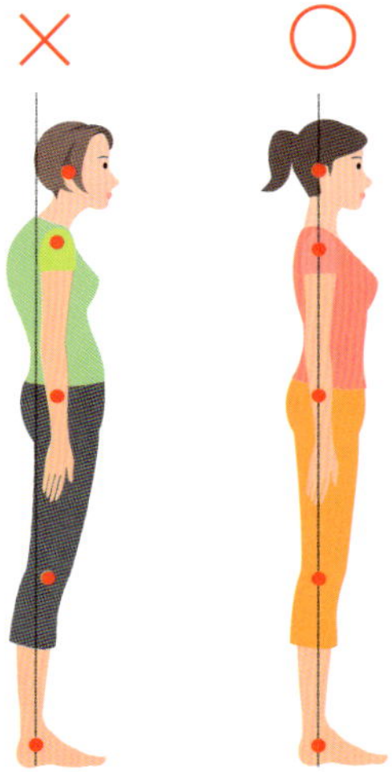

筋力アップで現れる身体的効果
姿勢がよくなる

腹筋を鍛えると、体幹が安定し姿勢がよくなる。これにより歩き方も美しくなり、また、体の一部だけに負担がかかることもなくなり、骨盤のゆがみなども解消していく。

筋力アップで現れる2次的効果
腰痛や肩こりが改善

筋力アップで血行がよくなれば、栄養や酸素が十分に全身に行きわたり、筋肉がやわらかくなる。その結果腰痛や肩こりも改善する。筋肉が体をガードしてくれる働きも高まる。

column 1

5秒腹筋を効果的に行うためのインターバルの考え方

5秒腹筋は1回5秒のトレーニングで、これを10回くり返すことを1セットとしています。2週間でその成果を出せるように、1日に1つのトレーニングを数セット行うことを定めています。ただし、これを行うにあたり、数セットを一度にこなすことはおすすめしません。朝、夕とわけて行ったり、同じ時間に行うとしてもセットごとには少なくとも1分以上のインターバル（休憩）をはさんでください。

誰でも簡単に行えるトレーニングではありますが、1セットをしっかり行えば、当然筋肉にはそれなりの負荷がかかります。疲れきった状態でトレーニングを続けても、あまりいいことはありません。トレーニングフォームが雑になったり、筋肉を意識することがおろそかになって、本来の5秒腹筋の効果が薄れてしまいます。

5秒腹筋は、単に回数をこなすことが目的のトレーニングではありません。1回5秒を正しいフォームで、確実に筋肉を意識（イメージ）して行うことが大切です。あせらずじっくり行うようにしてください。

STEP

1

誰でも成果をあげられる

2週間プログラム

5秒腹筋で効果的にお腹を引き締める、2週間プログラムを紹介します。2週間後には、お腹に変化を感じられるはずです。引き締まった美しいお腹を目指して、トレーニングに取り組みましょう。

それぞれの腹筋をピンポイントで鍛える

2週間プログラムのポイント

腹筋群を集中的に鍛える

P42～45の基本の5秒腹筋を行いつつ、1週間に4つのトレーニングを2週に渡って行うのが、本書の「2週間プログラム」になります。

P18でも紹介したように、腹筋はあくまで総称で、お腹を凹ませるための腹筋にはいくつか種類があります。2週間プログラムでは、これらの各筋肉にピンポイントで刺激を与えて、集中的にトレーニングを行うことで、お腹周りの筋肉を全体的に鍛えていくのが目的です。

では、なぜ2週間なのか。すぐに成果が出ないと長続きしないものです。今回のプログラムでは、2週間でも成果が得られるトレーニングやセット数に設定しているので安心してください。

また、1週目と2週目とで、お腹を凹ませるための適切な順序で組み立てられています。

ただし、くれぐれも**効かせている筋肉をしっかりと意識して、イメージを持って脳と会話することを忘れないでください**。これができていないで、ただトレーニングを決められたセット数くり返しても成果は得られませんので注意しましょう。

脂肪を燃焼して、筋肉をつくる！

1週目 5秒でお腹の脂肪を燃やす

1週目では落ちやすい内臓脂肪を燃やすために、腹横筋などのインナーマッスルを重点的に攻める。

2週目 5秒でお腹を引き締める

2週目では落ちにくい皮下脂肪にもアプローチ。腹斜筋や腹直筋など、アウターマッスルを強化する。

正しい呼吸法をマスターすれば効果倍増！

腹筋を強化するには呼吸も大切

鼻から吸って口から吐くが基本

ストレッチやトレーニングでは呼吸がとても重要になります。5秒腹筋も同様で、正しい呼吸で行うことで、トレーニングの効果をより高めることができるのです。

ここで正しい呼吸法をマスターしておきましょう。基本は以下の2段階です。

- **基本姿勢になったら鼻から息を吸う**
- **お腹をつぶすときに口から息を吐く**

5秒腹筋は基本的に筋肉をつぶす運動です。つぶす際に、大きく息を吐くことで、お腹の中の「腹圧」が高まります。腹圧とは、横隔膜《おうかくまく》の下の内臓が集まっている空間「腹腔《ふくくう》」内の圧力のこと。つまり、腹筋は腹腔《ふくくう》のまわりについている筋肉なので、息を吸って腹圧を高めることで、5秒腹筋にとって重要な「筋肉をつぶす」効果をお腹の中からも高めることができるのです。

なおトレーニングによっては、呼吸と動きをあわせるタイミングが異なるので、それぞれの注意点に気をつけて下さい。

正しい呼吸法をマスターしよう

1 鼻から息を吸う

口ではなく鼻から思い切り息を吸うようにする。

基本姿勢をとったら鼻から息を吸い、同時にお腹を凹ませていく。

2 口から息を吐く

吐くときは鼻ではなく口から息を出す。

息を吸いきったら腹筋に力を入れ、口から息を吐き出してお腹をつぶしていく。

空き缶をつぶすイメージで

腹直筋《ふくちょくきん》をつぶす 基本の5秒腹筋

基本 ①

10回

1日 2セット

手は握りこぶしにし、
なるべくヒジは高くあげる
左足を一歩前に出すと、
床反力という上へ
押し返す力が生まれ、
下からもお腹をつぶす力が伝わる
かかとは浮かせる

1 握りこぶしにした両手を首のうしろで固定する

握りこぶしにした両手を首のつけ根に小指をつけるように固定し、腹直筋をしっかり伸ばす。そうすることで、筋肉をつぶすとき、より効果がある。筋肉を伸ばせたら、大きく息を吸う

2 息を吐き、お腹に力を入れながら上体を倒し、5秒数える

息を吐きつつゆっくりお腹と左足に力を入れ、腰が曲がらないところまで上体を倒す。倒したら息を止め、腹直筋をつぶした状態で止まって5秒数える。息を吸いながら体を戻す。10回くり返す

やりがちNG

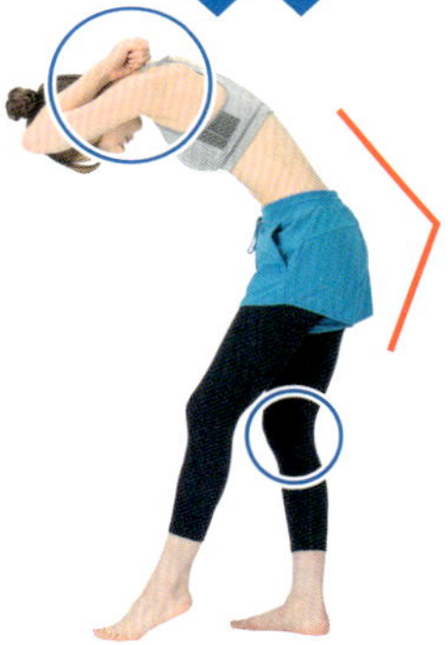

右ヒザと首を曲げ、腰を折ってうつむくようになってしまうとお腹に力が入らず効果がないので要注意

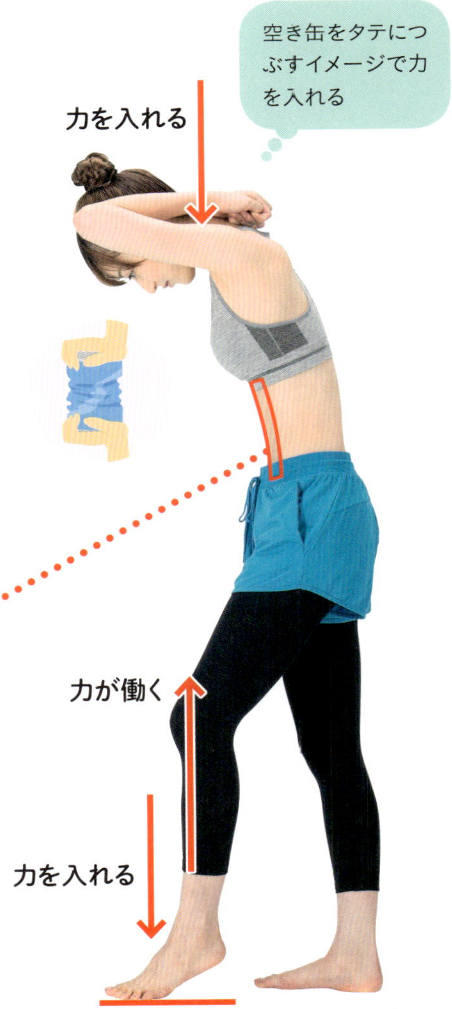
空き缶をタテにつぶすイメージで力を入れる
力を入れる
力が働く
力を入れる

筋肉と話そう

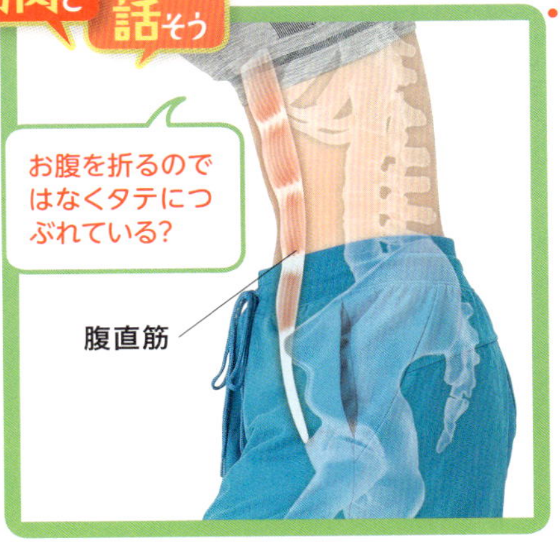
お腹を折るのではなくタテにつぶれている?
腹直筋

基本 ②

左右各10回

1日2セット

アコーディオンを縮めるように

腹斜筋《ふくしゃきん》をつぶす 基本の5秒腹筋

腕をしっかり
首の後ろへ
入れる
かかとは浮かせる

1 右足を開き右手を首の後ろへ入れ、左手はお腹にそえる

右手をこぶしにして首のつけ根に小指をつけてヒジを高くあげて腹斜筋を伸ばし、左手は右脇腹に添える。右足だけを肩幅に開きかかとをあげて、大きく息を吸う

2 お腹に力を入れながら上体を右に倒し、5秒数える

背すじを伸ばしたまま、右足に力を入れ上体を右に倒していく。倒したら息を止めて5秒数える。息を吸いながら体を戻す。10回くり返し、反対側も同様に行う

やりがちNG

左手をしっかり腹斜筋にそえないと×

お尻を引いて上体から大きく折ってしまったり、早く動いてしまうとお腹に力が入らず効果が出ないので注意

お腹の辺りがアコーディオンになっているようなイメージで、お腹辺りを縮める

腹斜筋がかたくなって、しっかり効いていることを左手で確認する

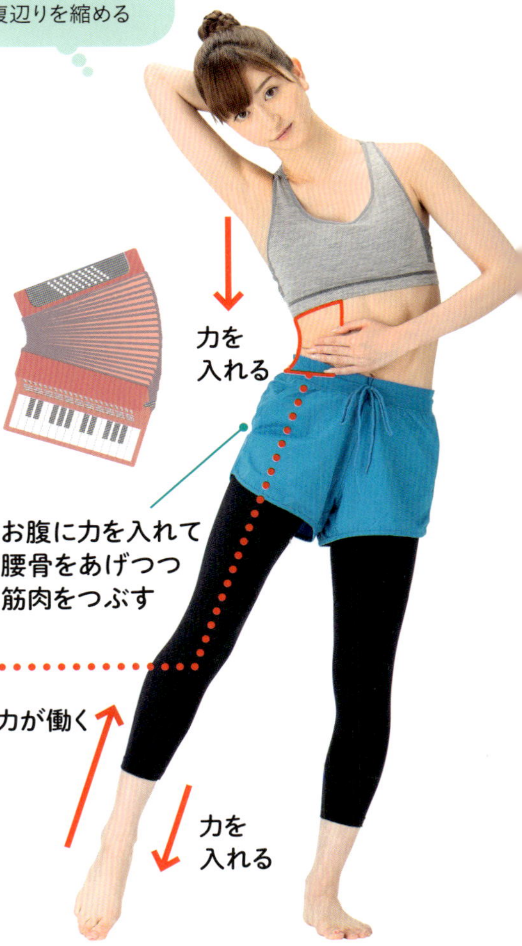
力を
入れる
お腹に力を入れて
腰骨をあげつつ
筋肉をつぶす
力が働く
力を
入れる

筋肉と話そう

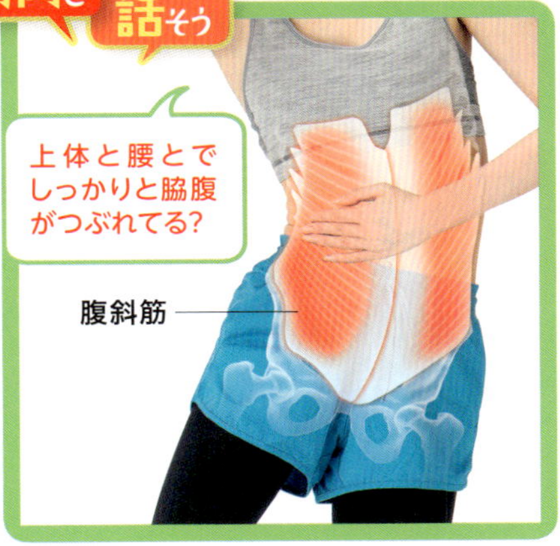
上体と腰とでしっかりと脇腹がつぶれてる?
腹斜筋

5秒腹筋の効果もアップ！

トレーニング前の柔軟ストレッチ

筋肉がゆるみ、動きやすくなる

5秒腹筋のトレーニング前にぜひやっておきたいのが、柔軟ストレッチです。ふだんの生活で私たちの筋肉は運動不足や緊張でこり固まっています。この状態でトレーニングをやっても十分な効果は期待できません。しかしここで紹介するストレッチを行えば、筋肉がほぐれ、血行がよくなり、5秒腹筋の効果もアップします。ふだん運動不足を感じている方は、ぜひこのストレッチを取り入れてみましょう。

太ももあげストレッチ

太ももや背中のこりをほぐし、柔軟性を取り戻す

回数
左右5回

1 足を閉じて手をあげる

足を閉じ、直立して両手をあげながら息を吸う

2 右ヒジと左ヒザをくっつける

息を吐きながら、左太ももをあげ、同時に両手をさげ、右ヒジで左ヒザにタッチし、体を戻す。左右交互に、5回くり返す。

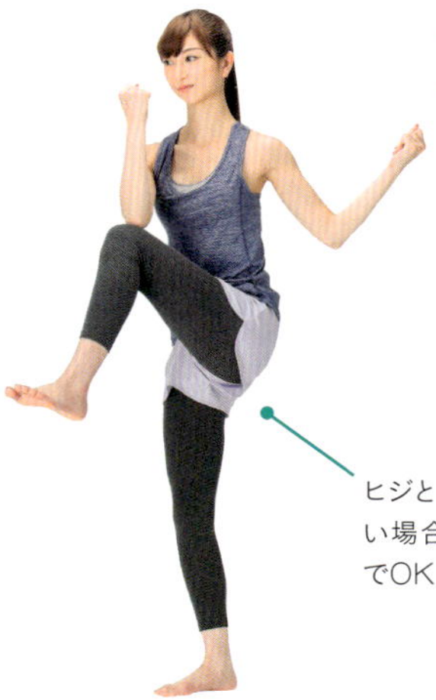

ヒジとヒザがくっつかない場合は近づけるだけでOK

かかとあげストレッチ

主に股関節を柔軟にするストレッチ

回数
左右5回

1 両手を横に開く

足を閉じて直立した状態から両手を床と平行になるように開き、息を吸う

体が安定しないときは手を壁に当てる
届かない場合は近づけるだけでOK

2 手でかかとをタッチ

息を吐きながら右足をあげ、左手でかかとをタッチし、体を戻す。左右交互に、5回くり返す

足あげストレッチ

太ももやお尻の筋肉を柔軟にするストレッチ

回数
左右5回

1 両手を頭上で組む

直立状態から右足を1歩後ろへさげ、両手を頭上で組み、大きく息を吸う

届かない場合は近づけるだけでOK

2 手でつま先をタッチ

息を吐きながら右足を跳ねあげ、両手でつま先をタッチする。5回くり返す。反対側も同様に行う

背伸ばしストレッチ

アキレス腱や太ももなど、さまざまなところに効くストレッチ

回数
左右5秒×1回

1 直立して大きく息を吸う

足を閉じ、直立して息を吸う

背筋は伸ばしたまま行う

2 腰を落として手をあげる

息を吐きながら右足を大きく踏み出してヒザが直角に曲がるまで腰を落とし、左手を上にあげる。その状態で５秒数える。反対側も同様に行う

上体ひねりストレッチ

肩、首、モモの内側に効果的なストレッチ

回数
左右5秒×5回

上体が前かがみにならないように注意

1 脚を開いて腰を落とす

足を開いて、ヒザが直角に曲がるまで腰を落とす。大きく息を吸う

背中が丸まらないように注意

2 上体をひねる

左肩を前に倒すように上体を腰からひねる。ひねれるところまでひねったら5秒数える。反対側も同様に行う

１週目

5秒でお腹の
脂肪を燃やす

１週目ではお腹の脂肪を燃焼するために、腹横筋《ふくおうきん》や、腸腰筋《ちょうようきん》などのインナーマッスルを鍛える４つのトレーニングを紹介します。これらのトレーニングで、２週目のトレーニングを、効果的に行うための筋肉を鍛えることもできます。

1
週目

10回

1日
2セット

水がこぼれないよう足を進める

腸《ちょう》腰《よう》筋《きん》で足を支えて下腹ぽっこりを解消

1

腕で頭を浮かせた状態にし、足を縦に重ねる

首のつけ根に小指をそえるようにこぶしを固定し、頭を少し浮かせる。左足のつま先に右足のかかとを乗せる

お腹に水の入ったお皿（ボウル）を乗せたイメージで、上半身を動かさないでその水をこぼさないように意識する

自然に向いた角度で天井を見る

2 5秒数えながら左右の足を歩くように順に重ねて進めていく

息を吸いつつ、５秒数えながら足の裏が天井に向くまで左右の足を交互に重ねていく。天井まで到達したら、息を吐きながら左右の足を交互に重ねてゆっくり体を戻す。10回くり返す

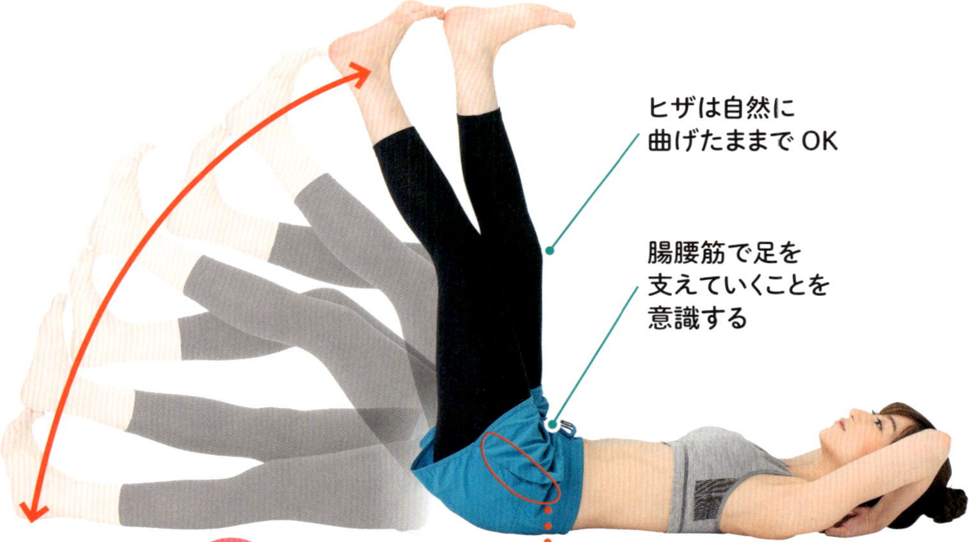

ヒザは自然に
曲げたままでOK

腸腰筋で足を
支えていくことを
意識する

これでもOK

天井まで足が上がらない人は、あがるところまででOK。少しでも腸腰筋で足を支えられていれば効果が出る

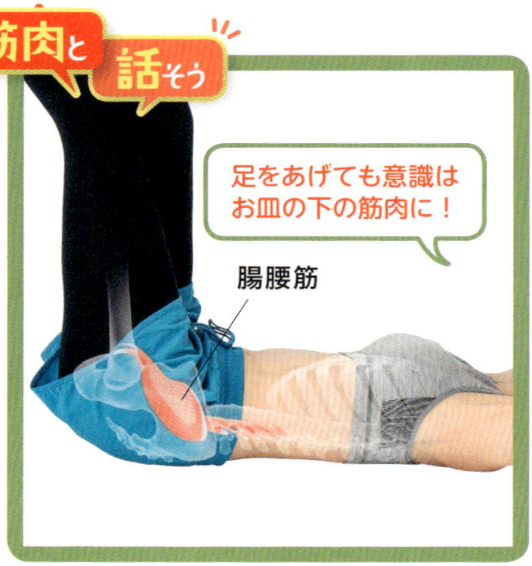
筋肉と話そう
足をあげても意識は
お皿の下の筋肉に！
腸腰筋

1週目

10回

1日
2セット

足首のスイッチを手で押す

腹《ふく》直《ちょく》筋《きん》をつぶして下腹を凹ます

1 ヒザを立てて仰向けに寝て、大きく息を吸う

手はバンザイしたままヒザを立てて寝る。
視線は上に向けたまま、大きく息を吸う

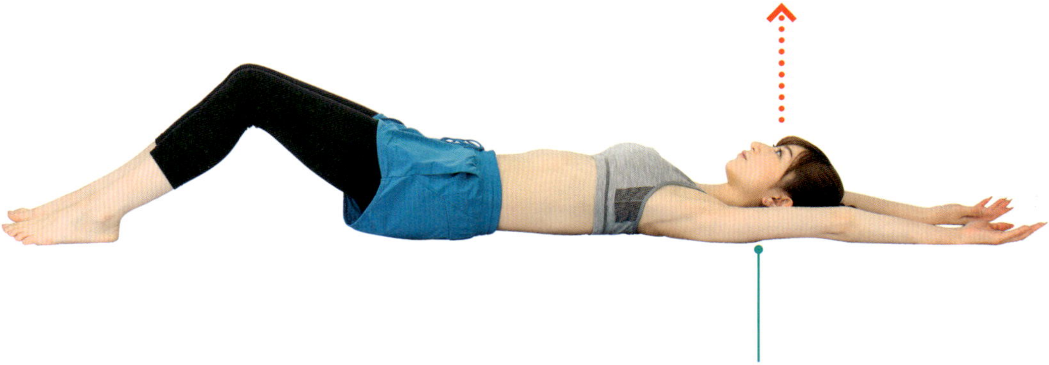

首が痛い場合は、
首の後ろに畳んだ
バスタオル等をいれて、
角度をつける

2 息を吐きながら手足をあげ、足首にさわった状態で5秒数える

息を吐きながらゆっくり手と足をあげていき、足首にタッチしてお腹をつぶした状態で5秒数える。ゆっくり息を吸いながら体を戻す。10回くり返す

足首のスイッチを手で押し続けるイメージ
ヒザは曲げたままでOK
足首を見る

これでもOK

1 の時点で足をあげて、足に手を添えた状態から手を伸ばし足首にタッチしてもOK。少ない動作で腹直筋をつぶすことができる

筋肉と話そう

手と足の動作だけど、狙いはお腹をつぶすこと！
腹直筋

足の釣り竿で釣りをしてバランスをとる

腹《ふく》横《おう》筋《きん》・腸《ちょう》腰《よう》筋《きん》に圧力 ぽっこりお腹解消

1週目

10回

1日2セット

1 ヒザを立てて手をつき、お尻に重心がくるよう座る

ヒザを立てて座り、手は後ろについて重心がお尻にくるような体勢になる。体勢が整ったら大きく息を吸う

アゴを軽く引いて、目線は正面
背筋が曲がらないようにする

2 手と足を床から離し、バランスをとって5秒止まる

手と足を床から離す。ヒザはピンと伸ばし、お尻だけが床についた状態で、腕でバランスをとり、息を吐きながら5秒数えたら、息を吸いながら手と足を戻す。10回くり返す

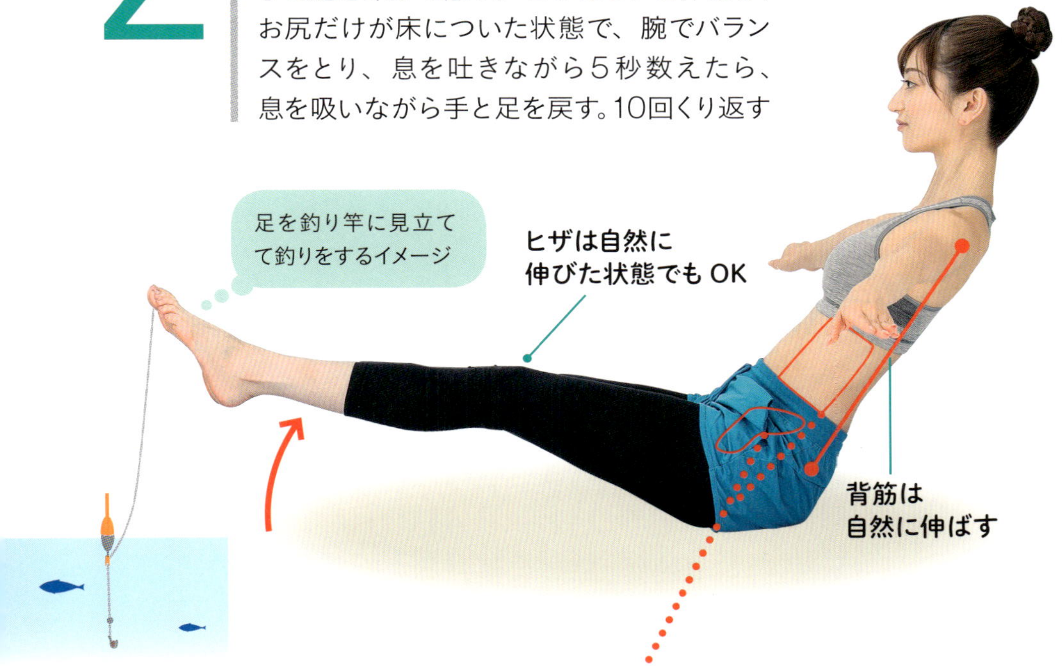
足を釣り竿に見立てて釣りをするイメージ
ヒザは自然に伸びた状態でも OK
背筋は自然に伸ばす

これでもOK

できるだけヒザは真っすぐに

手をついたまま足を伸ばす体勢でもOK

筋肉と話そう

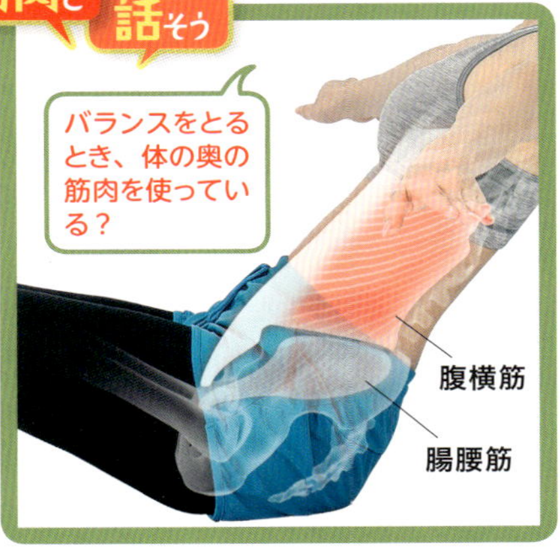
バランスをとるとき、体の奥の筋肉を使っている？
腹横筋
腸腰筋

1
週目

10回

1日
2セット

崖に橋を架けるようにアーチをつくる

腹《ふく》横《おう》筋《きん》に負荷をかけて脂肪を燃焼する

1 腕とつま先で体を支え、アーチをつくる

両腕、両足のつま先で体を支え、お腹に力を入れお尻が吊られているような高さまで浮かせる。腹横筋がふるえている感覚をしっかり感じる角度にし、大きく息を吸う

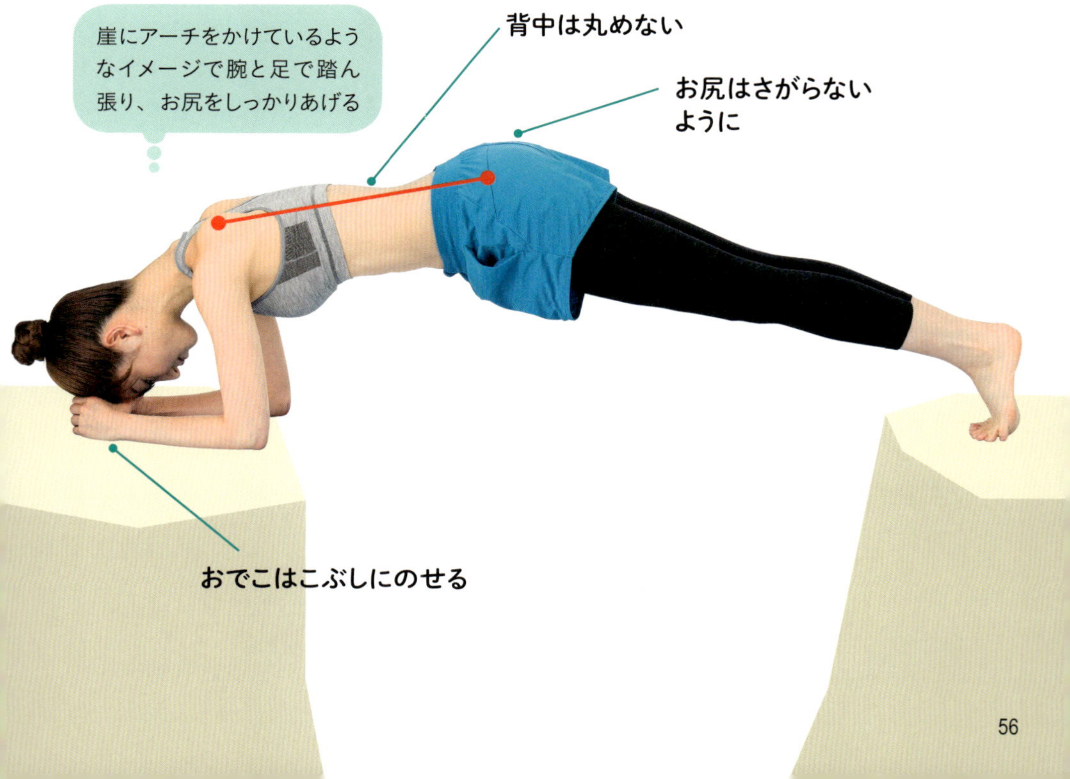
崖にアーチをかけているようなイメージで腕と足で踏ん張り、お尻をしっかりあげる
背中は丸めない
お尻はさがらないように
おでこはこぶしにのせる

2　5秒数えながら腰をゆっくりさげる

息を吐きつつ5秒数えながらゆっくり腰をさげていく。ヒザが地面につかないギリギリのところまでさげたら、息を吸いながらゆっくり体を戻す。10回くり返す

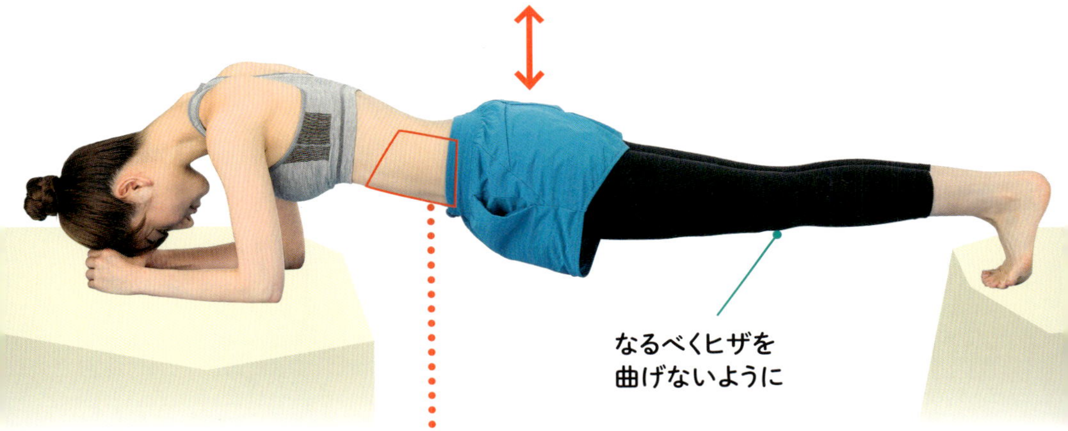
なるべくヒザを
曲げないように

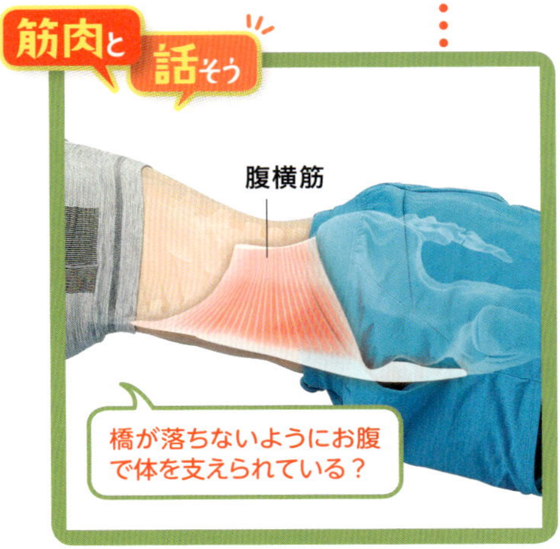
筋肉と話そう
腹横筋
橋が落ちないようにお腹
で体を支えられている？

やりがち NG

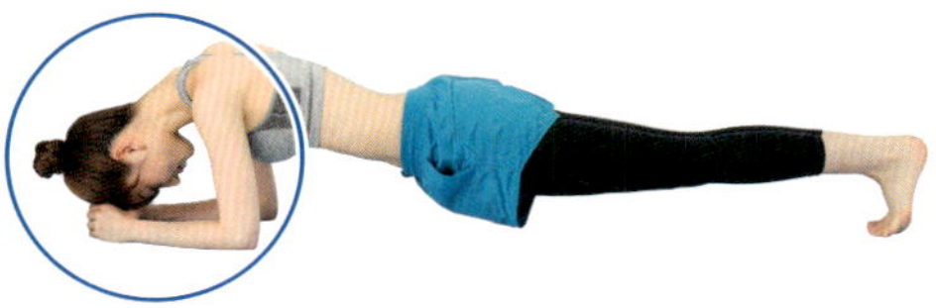

上半身に体重をかけた
前重心にならないよう注意

1 週目

5秒でお腹の脂肪を燃やす週のおさらい

1週目を終えて、トレーニングできちんとお腹の脂肪を燃やせているかどうか、実際に取り組んだ体験者の疑問や不安に、先生が答えます。

体験者の声

「下腹ぽっこりを解消(P50)」ですが、簡単にできてしまい、あまり負荷がかかっていない気がするのですが…

堀川さん

ヒザを曲げすぎるのは×。ヒザに負担があるなら、回数を減らしましょう

脚を動かす際にヒザを真っすぐ伸ばす必要はありませんが、脚を曲げすぎると脚の重みを感じにくくなるため筋肉にほとんど負荷がかからない状態になってしまいます。それではトレーニングの効果がなく、やってもあまり意味がありません。**ツライ場合は途中で休んでもいいので、正しいフォームで行うことを心がけましょう**。

体験者の声

「下腹を凹ます（P52）」の足首をタッチするとき、足首をつかんだほうがやりやすいのですが…

千秋さん

体験者の声

足首にタッチできてもなかなかキープしていられないです

江口さん

タッチした状態をキープすることでお腹に力が入ります

これはお腹をつぶすトレーニングです。足首を手でタッチしたまま5秒数えますが、タッチの代わりに足首をつかんでしまうと腕の力で体勢を維持してしまいます。すると、お腹があまりつぶれず効果がうすくなってしまいます。そのため、足首をつかむのはおすすめできません。**大切なのはタッチし続けようとすることでお腹がつぶれること**なので、5秒耐えられなくてもタッチしたまま自分の限界までキープしたほうがよいのです。

吉田さん

体験者の声

「ぽっこりお腹解消(P54)」ではヒザをまっすぐ伸ばすことがキツくてできません

体験者の声

バランスがとれなくてふらついてしまいます

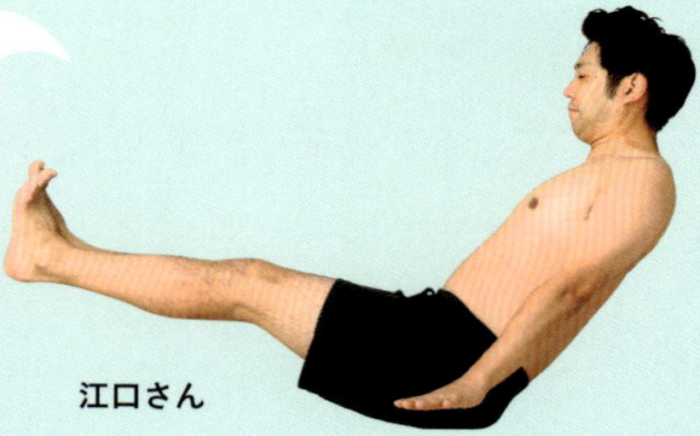

江口さん

見本通りの姿勢をすることではなく お腹を意識することが大切です

もともとの筋肉量や運動能力には個人差があるので、本で紹介している通りの姿勢ができないこともあると思います。バランスがとれない場合は腹横筋が足りない証拠。まずは「これでもOK」で紹介している手をついた姿勢からはじめましょう。**ヒザが伸ばせない場合、ヒザを曲げてでも足を浮かせることでお腹に負荷をかけられます**。

体験者の声

「脂肪を燃焼する（P56）」がキツくて、ヒザをついて静止しただけのトレーニングにしてしまいました。これでも汗だくになったのですが、効果はありますか？

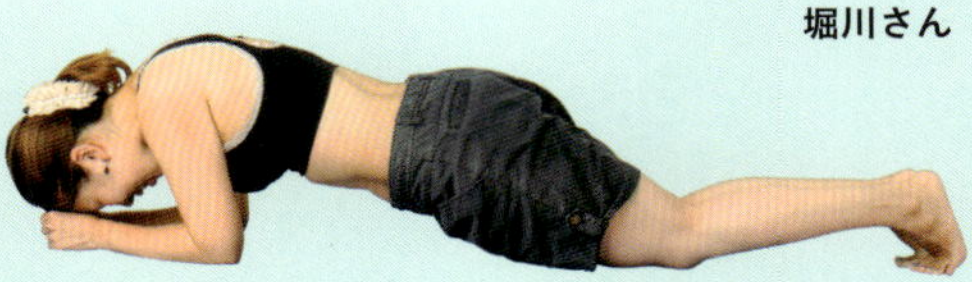

堀川さん

佐久間さん

体験者の声

体勢の時点でキツくて、腰をさげるのが難しいです

重心を上半身にかけていなければOKです！

アーチはお腹に負荷をかけるトレーニングなので、多少キツくても我慢してやったほうが効果が出やすくなります。しかし、どうしてもできないという場合は多少筋肉への負荷は減りますが、**ヒザを床につけて体勢をキープするだけでも効果はでます**。ただしその際は重心が上半身にいかないようにし、お腹に意識を向けるようにしましょう。

1週目の
まとめ

**基本をおさえてトレーニングすることが効率よく大きな効果を得る近道です。
1週目のまとめを読んで、効果的にトレーニングをしましょう。**

□ トレーニング前にストレッチを行ったか

➡筋肉に刺激を与える前に、ストレッチで筋肉をほぐしておくと、筋肉を痛めるリスクを減らすことができます。5秒腹筋は激しい運動ではないため、ストレッチをやらなくてもケガのリスクはさほど高くありませんが、やっておくとトレーニング効果を高められます。

□ しっかりと負荷を感じているか

➡筋肉への負荷を感じていない場合、やり方が間違っている可能性があります。しっかりと動作をイメージし、「筋肉と話そう」で効かせている筋肉の場所もしっかりと意識しましょう。もともとの身体能力が高い人は、ラクに感じるようであれば回数やセット数を増やすのも手です。

□ ゆっくり5秒数えられたか

➡動作を正確に行うことに集中してしまうと、つい呼吸や5秒のカウントがおろそかになりがちです。呼吸とともに5秒数えることに慣れるために、体を動かさない状態で練習してみるのもおすすめ。また、はやく数えがちな人は、時計の秒針を見ながら数えるなど工夫してみましょう。

□ 毎日欠かさず少しでもトレーニングを行ったか

➡2週間という短期間のプログラムですから、1日でもサボってしまうと、それだけ成果を得ることができなくなってしまいます。最低でも1日1トレーニング。次の日にできなかった分を補うなど、なるべく決められた1週間のトレーニング回数を行うようにしましょう。

2週目

5秒でお腹を引き締める

１週目のトレーニングが終わったら、お腹を引き締める筋肉をつくる２週目に入ります。筋肉づくりに効果的なトレーニングとして腹斜筋《ふくしゃきん》、腹直筋《ふくちょくきん》を集中的に鍛えられる４つのトレーニングを紹介します。

2
週目

10回

1日
2セット

両ヒザで大きな虹を描く

腹《ふく》斜《しゃ》筋《きん》を伸ばして脇腹を引き締める

なるべく大きい円（＝虹）を
ヒザで描くイメージ

1 両手を組んで首の後ろに固定する

両手を組んで、首の後ろに固定し、ヒザを立てて仰向けに寝る。脚をそろえて大きく息を吸う

2 ヒザをそろえたまま、5秒数えて右側へ足を倒す

ゆっくり息を吐きながら、ヒザをそろえたまま5秒数えて脚を右側へ倒す。倒し終わったらゆっくり息を吸いながら脚を戻して、反対側も同様に行う。これを1往復とし10回くり返す

なるべく肩を床に
つけたまま腰からひねる。
体がかたくて
多少肩が浮くのはOK

筋肉と話そう

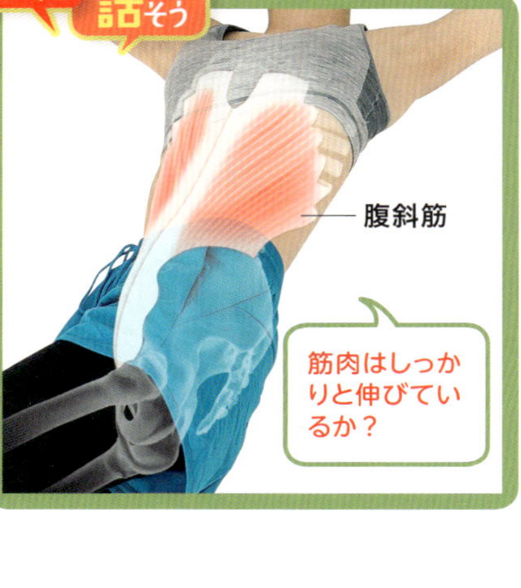
腹斜筋
筋肉はしっかりと伸びているか？

やりがちNG

腰をひねらずに、脚だけを動かしてしまったり、脚がバラバラになっている状態はNG

2
週目

左右各
10回

1日
2セット

重い布団を脚で持ちあげる

腹《ふく》斜《しゃ》筋《きん》を圧迫して
脇腹のたるみをなくす

1 両ヒザを曲げ、左ヒザは、ヘソの辺りで90度に曲げる

右を向いて横になり、右ヒザはゆるく曲げ、左ヒザはヘソあたりで90度に曲げる。姿勢が整ったら息を吐く

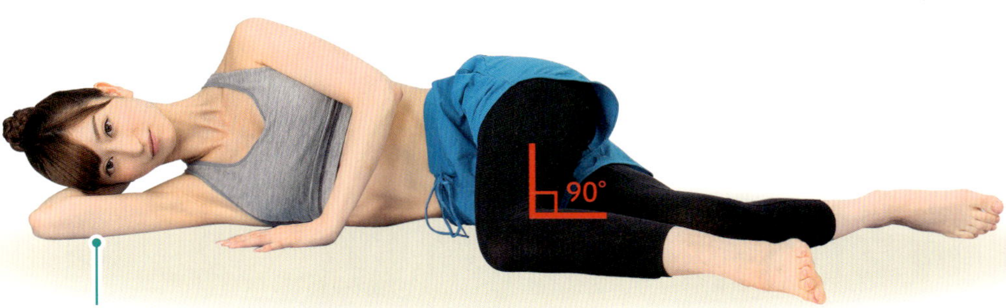

腕を頭の下に入れて安定させる

2 5秒数えながら脚を真っすぐ上へあげる

息を吸いながら、ヒザを曲げたまま左脚を5秒数えて真っすぐ上に開く。上半身は横を向いたまま、脇腹がしっかりつぶされていることを意識する。あがりきったら、息を吐きながらヒザを曲げたまま体を戻す。10回くり返し、反対側も同様に行う

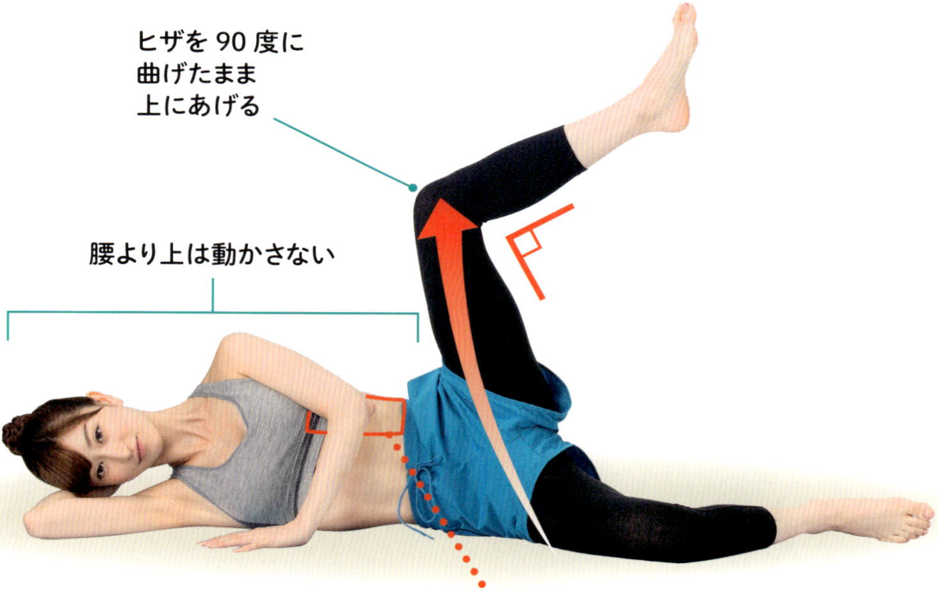
ヒザを 90 度に
曲げたまま
上にあげる
腰より上は動かさない

やりがち NG

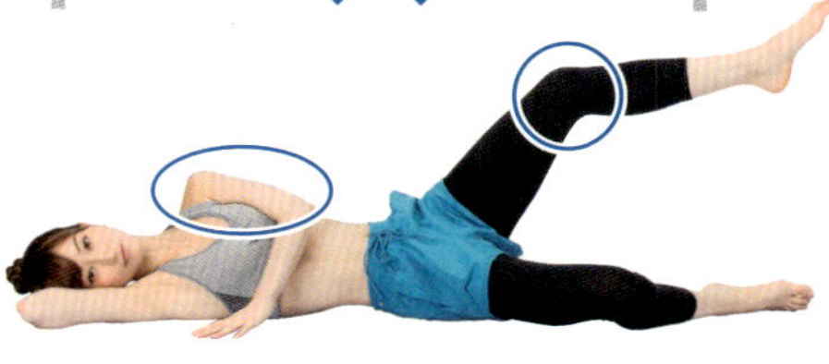

上半身ごと開いてしまうと効果がでない。ヒザも伸ばさないように注意

筋肉と話そう

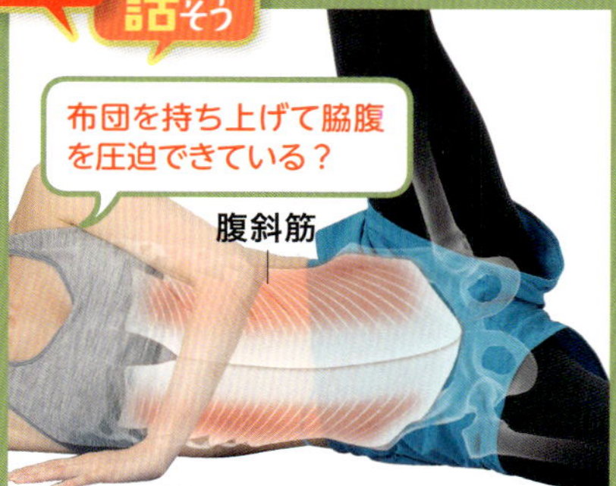
布団を持ち上げて脇腹を圧迫できている？
腹斜筋

腹斜筋に連動して、股関節を安定させる外旋六筋《がいせんろっきん》にも効く

2
週目

左右各
10回

1日
2セット

脚で荷物を持ちあげる

腹斜筋《ふくしゃきん》を縮めてくびれをつくる

1 右ヒザを曲げ、左ヒザは伸ばす 左足は親指だけを床につける

右を向いて横になり、右ヒザを軽く曲げ、左足のつま先は伸ばして親指の側面を床につけて、床に対して常に横を向くようにする

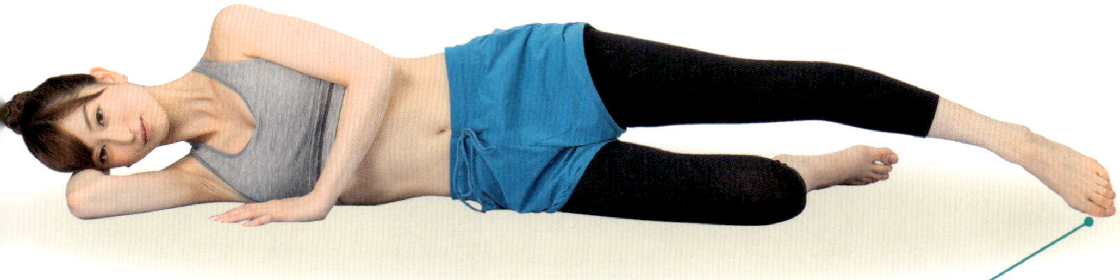

足の親指が
上を向かないように注意

2 足の角度はそのままに 5秒数えて脚を上にあげる

息を吸いながら、左足の角度はそのままキープするように気をつけ、5秒数えて左脚をあげて腹斜筋をつぶしていく。あがりきったら、息を吐きながら脚を戻す。10回くり返し、反対側も同様に行う

つま先が上向きにならないよう注意
脚を動かすことを優先して早い動きにならないように注意
腰より上は動かさない

やりがちNG

つま先の向きにも注意

ヒジをついて頭を支える姿勢だと、背骨が歪んでしまうので要注意

筋肉と話そう

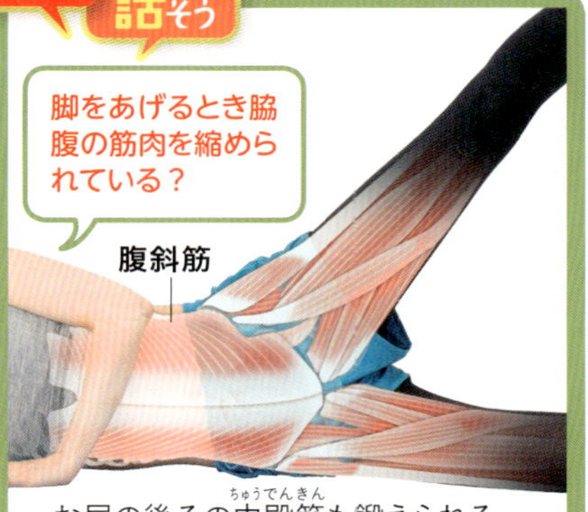
脚をあげるとき脇腹の筋肉を縮められている？
腹斜筋

お尻の後ろの中殿筋《ちゅうでんきん》も鍛えられる

2
週目

左右各
10回

1日
2セット

綱引きで引っ張られるように伸ばす

全ての腹筋を伸縮させて お腹全体を引き締める

1 右腕と左脚で体を支え 左ヒジと右ヒザをくっつける

右ヒジと左ヒザを床に対して直角になるように立て、左ヒジと右ヒザをくっつける

左腕と右脚を両側から綱引きで引っ張られるイメージ

左ヒジと右ヒザをくっつける
ヒジが痛くなる場合は
タオルなどを下に敷いて行う

2 息を吸いつつ左ヒジと右ヒザを真っすぐに伸ばす

息を吸いつつ、5秒数えながら左ヒジと右ヒザを真っすぐに伸ばす。息を吸い込み伸ばしきったところで一瞬息を止めて体勢を維持する。維持したらお腹からしぼむように、ゆっくり息を吐きながら左ヒジと右ヒザを近づけて体を戻す。10回くり返し、反対側も同様に行う

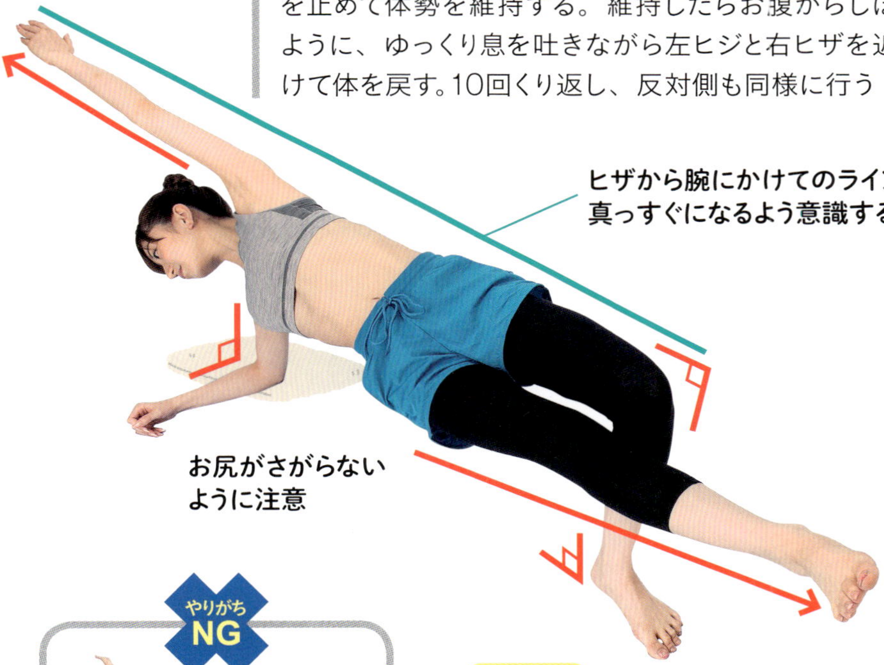
ヒザから腕にかけてのラインが真っすぐになるよう意識する
お尻がさがらないように注意

やりがち NG

体全体、特におへそが上を向いてしまうのはNG。体が常に横向きになるよう意識しよう

筋肉と話そう

左ヒジと右ヒザをゆっくり引き寄せて、お腹をつぶす！

2週目

5秒でお腹を引き締める週のおさらい

2週目は、日常生活であまり使われていない筋肉を鍛えます。正しく筋肉を刺激できているかどうかを先生と確認してみましょう。

体験者の声

「脇腹を引き締める（P64）」のとき、「腰からひねる」というのがどこまでやるのかよくわかりませんでした

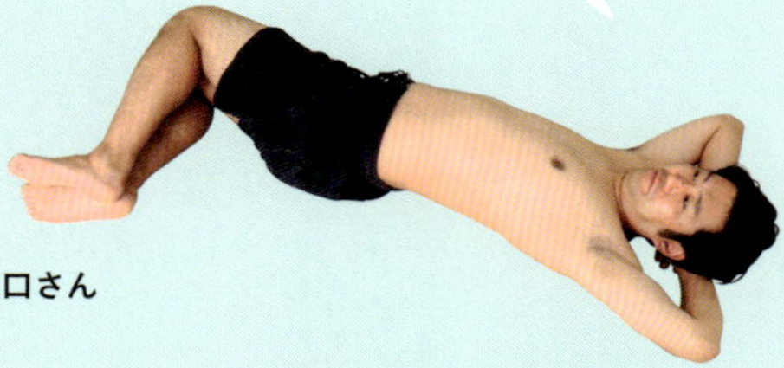

江口さん

両肩を床につけたままいけるところまでひねりましょう！

肩をなるべく動かさず、**脚を揃えて腰から大きくひねることが大切です**。脚を倒す間、正しい呼吸をして腹斜筋がよく伸びていることを感じられれば効果的なトレーニングができています。**普段伸び縮みをしない筋肉を縮めてから限界まで伸ばすことで、筋肉は刺激されます**。また、体がかたい人は肩が多少浮いてしまう場合がありますが、それは許容範囲内です。1回1回をていねいに大きく動いて筋肉の収縮を感じましょう。

体験者の声

「脇腹のたるみをなくす（P66）」のとき、
はじめは全然脚があがらなかったのですが、
くり返すうちにあがるようになりました！

佐久間さん

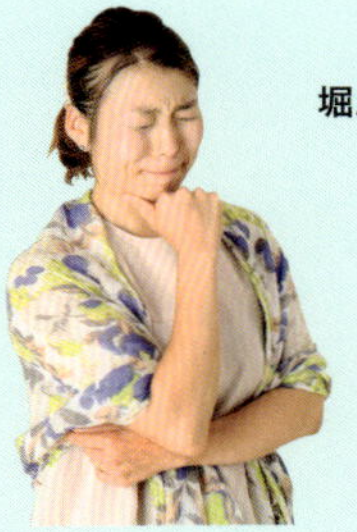
堀川さん

体験者の声

脚があがらなくて、
頑張ってあげると
脚の付け根が痛くなります

毎日のトレーニングのストレッチ効果によるものです

柔軟性の問題で難しいトレーニングも、くり返すうちに段々とできるようになります。それはトレーニング自体がストレッチ力を利用したものでもあるからです。体がかたくてできないトレーニングもあきらめずにぜひ続けていただきたいですね。そうすることで柔軟性も得られますよ。そしてこのトレーニングでは、**脚に重さを感じながらしっかりあげられていれば正解**です。毎回あがるところまでむりのない範囲で頑張りましょう。

体験者の声

「くびれをつくる(P68)」は筋肉にキツさを感じますが、脚をあげていくとどうしても足の親指を床に向ける角度が変わってしまいます

吉田さん

足の親指を床に向けた角度が変わらないところまであげましょう

足の角度が変わってしまうと、腹斜筋への負荷が薄くなってしまいます。そうすると効果的に腹斜筋をつぶすことができません。あげていくとどうしても角度が変わってしまうのなら、**足の角度が変わらないギリギリのところまであげるようにしましょう**。むりやりあげてしまうと腰や足を痛める原因になるので自分のレベルにあわせましょう。

体験者の声

千秋さん

**「お腹全体を引き締める(P70)」で、
手足を伸ばすとき
肩や背中がつりそうです。
どうしたらよいでしょうか?**

体験者の声

佐久間さん

**どうしても
お尻がさがって
正しい体勢になれません**

無理して続けると腰を痛めてしまいます。筋肉がつくまで、ほかのトレーニングをしましょう

この運動はお腹全体を引き締めるトレーニングですが、腹筋の力、特に腹横筋が弱いと、体勢を維持しようと肩や背中に力が入りすぎてつったり、崩れてしまいます。そうした状態で**むりやり続けると、肩や腰などを痛めることになってしまうので要注意**。

うまくできないという人は、1週目のトレーニングを増やしましょう。**数日間腹横筋を鍛えてから再チャレンジすればうまくいくはずです**。

リバウンドをしないために

２週間プログラムのその後

筋肉はすぐには衰えない

２週間プログラムを終えてみて、何かしらの変化を感じられたのではないでしょうか？　もし、変化を感じていないようでしたら、体験者のおさらいページや、各トレーニングの「筋肉と話そう」を改めて見直してみてください。**やっているうちに動きに慣れてしまって、肝心の筋肉に意識が届いていないのかもしれません**。

さて、２週間で成果を得られたこの成功体験を、今後いかに継続していくかも大切なことです。２週間でコツコツとつくられた筋肉が１日サボったくらいですぐになくなることはありません。しかし、やはり動かさなければ確実に衰えてしまうのです。継続的に使っていくことがとても大切です。

腹筋はふだんの生活の動作ではなかなか使うことがありません。**今後も、できれば１日１トレーニング１セットは継続してください**。また、できればＳＴＥＰ３で紹介している食生活にも気をつけて、リバウンドしないようにしましょう。さらなるダイエットを目指すのであれば、２週間プログラムをレベルアップするのもいいでしょう。

2週間の結果別“それぞれの継続プラン”

効果は微妙 もっとやせたい!

5秒腹筋は筋肉を鍛えるトレーニングなので、シェイプアップに加えてバルクアップ(筋肉を増やす)効果もあります。脂肪は減っているはずですが筋肉も増えているため、体重や腹囲に変化がないように見えて、体の中の筋肉量は確実に増えています。日々の食事量を極端に増やさなければ、基礎代謝が向上しているので、継続していくことで効果が現れてきます。

効果があった! 理想の体を目指したい

環境の変化などで急に太ってしまったという人は、比較的効果が出やすかったはずです。太りはじめにつく内臓脂肪は落としやすく、5秒腹筋で効果が現れやすい脂肪です。今後も運動不足を感じるようなら、定期的に5秒腹筋を行ってください。また、STEP2のパーツ別トレーニングを取り入れて、さらなる高みを目指すのもいいでしょう。

効果は見られず 挫折してしまいそう…

鍛えている筋肉にしっかり負荷を感じているか、もう一度確かめてみましょう。動作に慣れてしまって、回数をこなすだけになっていませんか。トレーニングがうまくできない原因に、体の姿勢やバランスを司るインナーマッスルが足りないことが考えられます。まずは腹横筋《ふくおうきん》をしっかりと鍛えて、正確なトレーニングを行える土台作りをしましょう。

効果は十分 リバウンドしたくない

2週間で効果を感じられたのであれば、やり方は正しく、あなたにあっているはずです。筋肉は十分についてきているので、トレーニングをするのもラクになってくるでしょう。今後は1日のセット数を増やしてみたり、2週間プログラムの中でも比較的苦手だったものに、集中的に取り組んでみてください。太りにくい体を手に入れられるはずです。

2週目の まとめ

２週目のトレーニングで気をつけたいポイントをまとめました。
これらは、トレーニングを継続していくうえでも大切なことです。

□ １週目の「まとめ」を改めて確認

➡１週目で「負荷を感じる」や「ゆっくり５秒数える」などの注意点がありました。２週目のトレーニングには、お腹と違う部位に負荷をかけたり、動きが難しいものもあります。その場合でも大事なことは１週目と同じ。しっかりと意識して行いましょう。

□ 難しいトレーニングがあったときは １週目のトレーニングを増やす

➡２週目の難易度の高いトレーニングができない場合は、１週目のトレーニングと入れ替えましょう。２週目が難しい場合は、トレーニングを行うための基礎の筋肉が不足しています。おそらく１週目もいくつかはキツかったはず。１週目のトレーニングをくり返し、２週目を行う地盤づくりをしましょう。

□ 体の変化を記録しよう

➡ダイエットでモチベーションの維持が大切なのは、みなさんも承知のことと思います。鏡を見て変化を実感するのも楽しみですが、日々体重や腹囲を計測して、体の変化を記録するのも大切です。数値にはトレーニングの量や食事などがダイレクトに影響します。日々の生活を見直す意味でも、記録に残しましょう。

□ トレーニングの成果を日常で実感する

➡体重や腹囲に大きな変化を感じなかったとしても、正しいトレーニングができているのであれば、筋肉は増えています。買い物や通勤中に階段を使ってみたり、電車でも座らずに立って移動してみてください。思ったより疲れを感じないかもしれません。

STEP

2

気になる部位にもアプローチ！

パーツ別トレーニング

2週間プログラムでお腹を引き締めたら、次は二の腕や胸、お尻や脚などお腹のほかに気になる部分や、さらにお腹をくびれさせるためのトレーニングにも挑戦してみましょう。

たるみをなくし スマート腕をつくる①

左右各10回
1日3セット

1 両手を体の後ろに回し、左手で右手の手首付近をつかむ

手首をつかんだら、右ヒジを伸ばしながら右手を右方向に、左手を左方向に引っ張り合い大きく息を吸う

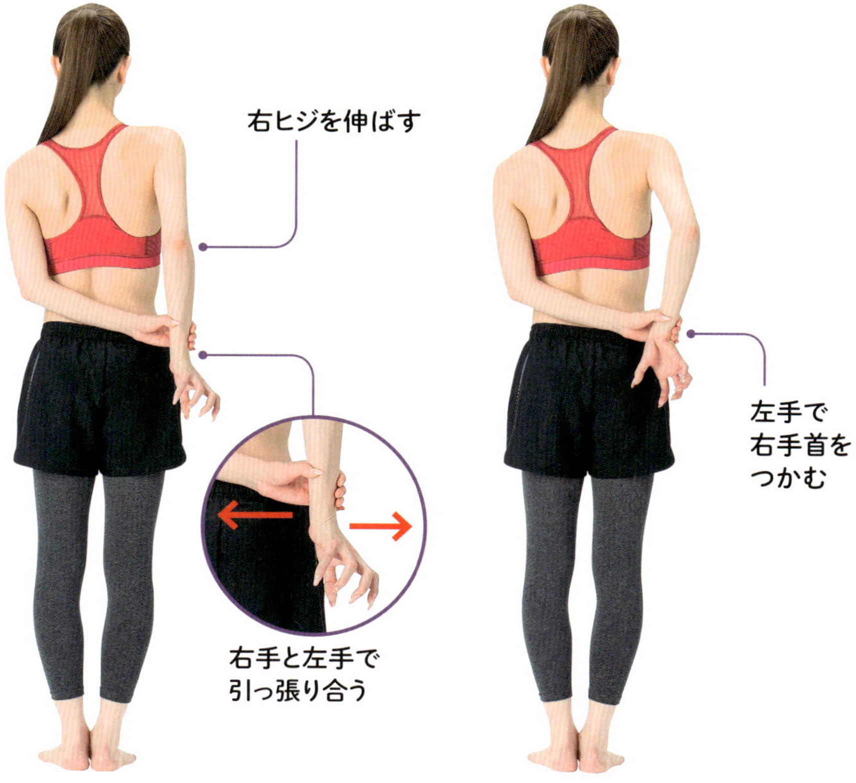
右ヒジを伸ばす
右手と左手で
引っ張り合う
左手で
右手首を
つかむ

2 手首をひねって5秒数える

手首を外側にひねって、止まったところで息を吐きながら5秒数える。手首を戻し同じ動きを10回くり返す。反対側も同様に行う

グレープフルーツを搾り器で搾るように

筋肉と話そう

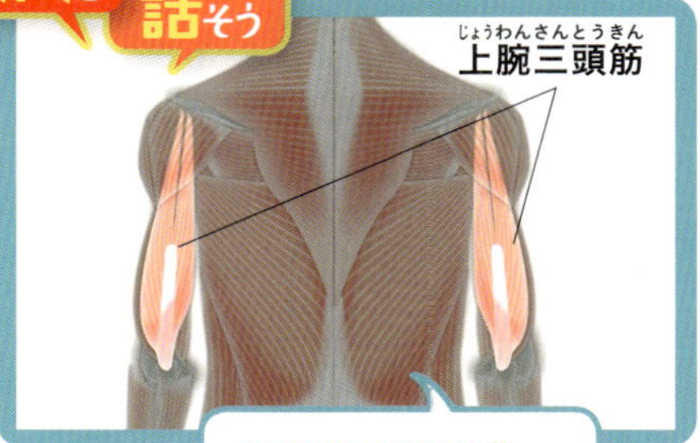

二の腕の筋肉がしっかり締まっている？

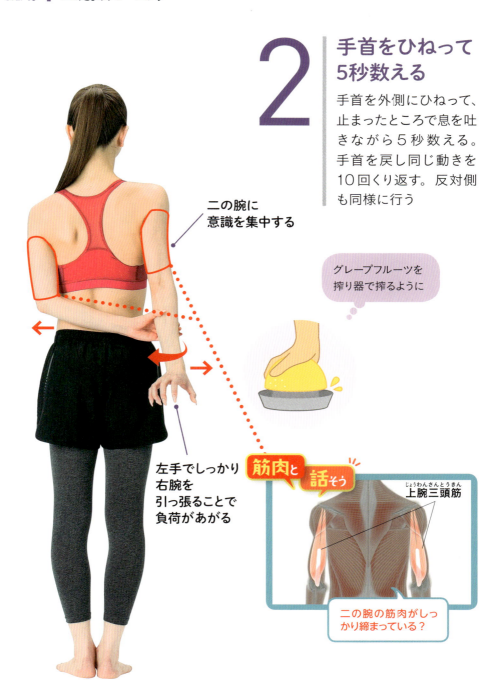

たるみをなくし スマート腕をつくる②

10回
1日 3セット

両ヒジの幅は
閉じぎみにする

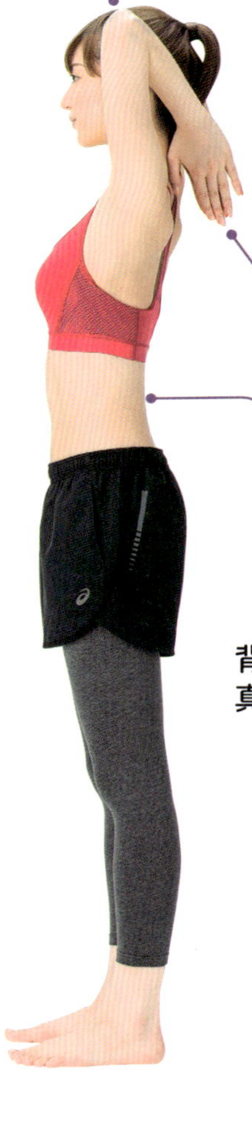

手のひらをあわせて
強めに押しあう

背筋を伸ばし
真っすぐに立つ

1 両手をあげて 頭の後ろで 手のひらをあわせる

両手をあげて、頭の後ろで手のひらをあわせて大きく息を吸う

やりがち NG

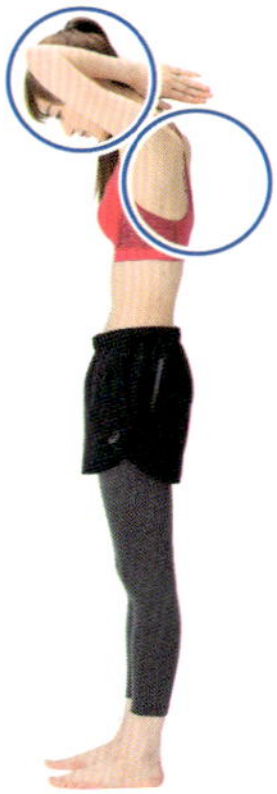

手をあげるときに背中が丸まったり、首が曲がったりしないように注意

腕を前方の
斜め上で
ピタリと止める
指先からビーム（光線）
を出すようなイメージ
で指先をピンと伸ばす
50度

2 5秒数えながら両手を斜め前に出す

息を吐き、5秒数えながら手を斜め前50度ぐらいに出し、ピタリと止める。体を戻し、10回くり返す

筋肉と話そう

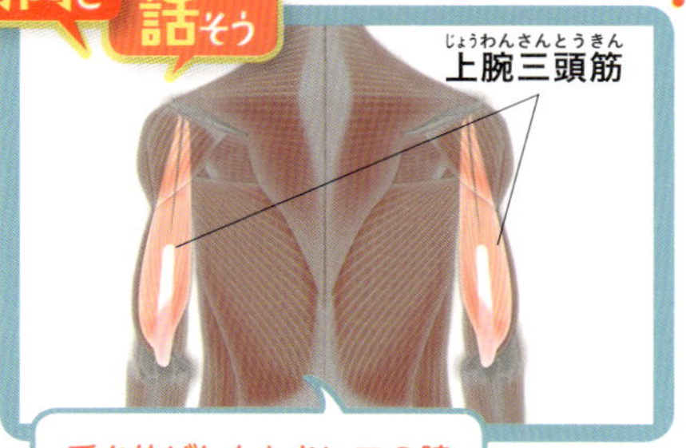
上腕三頭筋《じょうわんさんとうきん》

手を伸ばしたときに二の腕の筋肉が伸びている？

バストアップ効果で美しい胸をつくる①

10回
1日 3セット

1 体の前で両手をあわせ大きく息を吸う

背筋を伸ばして体の前で両手をあわせて立ち、大きく息を吸う

手をあわせたときに
肩があがらないようにする

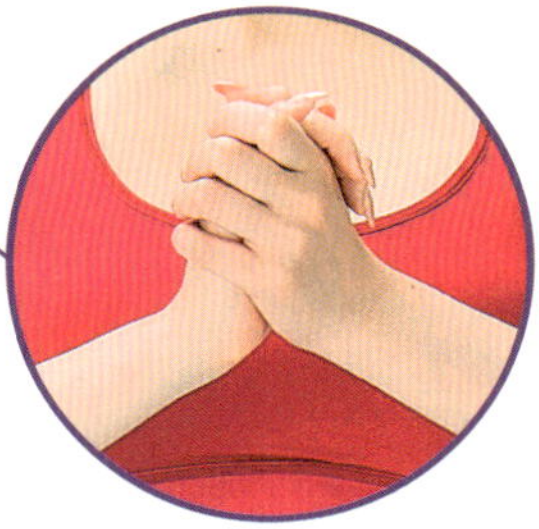

指を交差させるのではなく、
手のひらをあわせる

体が安定しないときは、
肩幅程度に足を開いてもよい

2 息を吐きながら 5秒両手を押しあう

ヒジが床と平行になるようにして、息を吐きながら両手を押しあい5秒数える。体を戻し、10回くり返す。

やりがち NG

肩があがっている状態では、二の腕に力が入り、胸の筋肉に効かなくなる

手と手の間に弾力のあるボールをはさみ、強くつぶすイメージ

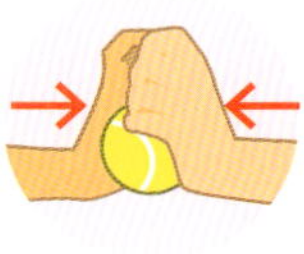

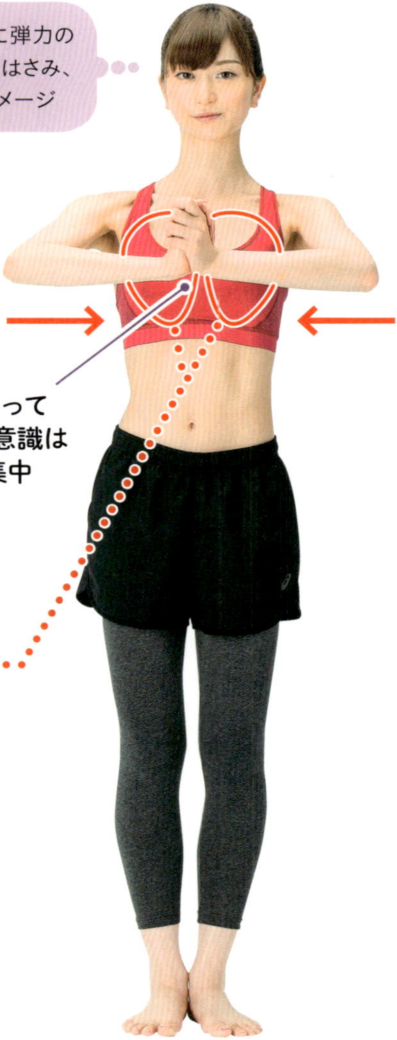

両手を押しあっているときも、意識は胸の筋肉に集中

筋肉と話そう

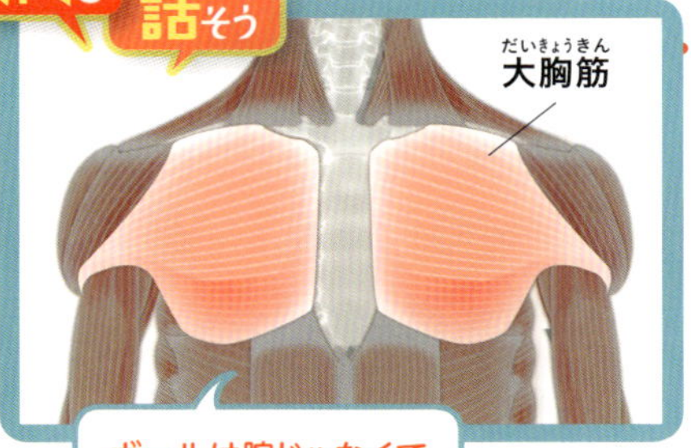

ボールは腕じゃなくて胸の力でつぶす！

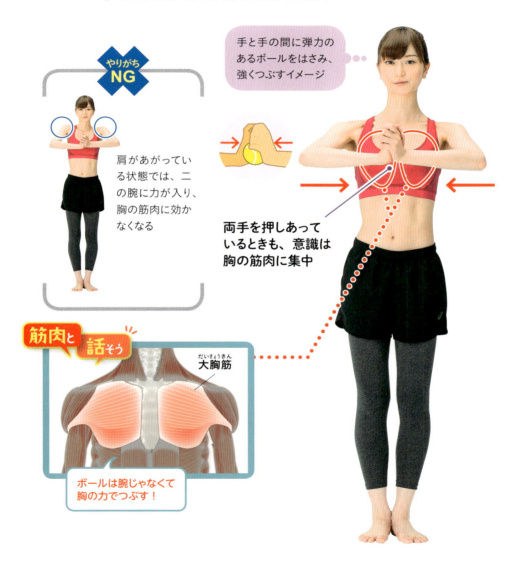

バストアップ効果で美しい胸をつくる②

左右各 **10**回

1日 3セット

1 床に手をつき、ヒザで体を支える

床にヒジを伸ばした状態で手をつき、足を組んで宙に浮かせ、腕とヒザで体を支える

手と体の角度が
80～90度に
なるように
どちらの足を
上にしてもOK

うまく体が支えられない人は
ヒザの位置を手に近づけてもよい

2 ゆっくりと頭をさげて5秒数える

顔を横に向けたら、息を吸いつつ腕を外向きに曲げ、5秒数えながら頭を床に近づける。床ぎりぎりまで近づけたら息を吐きながら一気に体を戻し、10回くり返す。顔を逆向きにして同様に

ヘリコプターがゆっくりと着陸するイメージで体をおろす

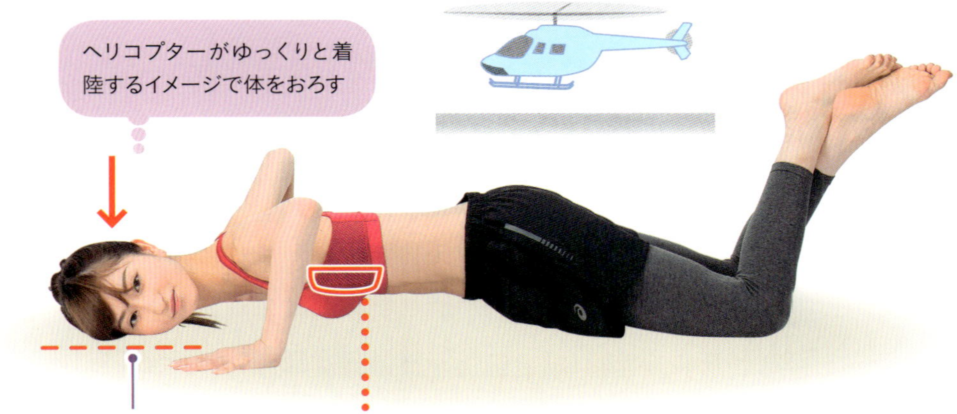

頭をできるだけ床ぎりぎりまで近づける

筋肉と話そう

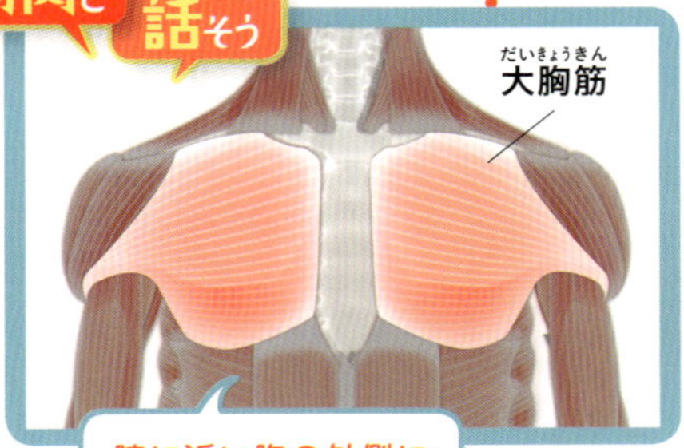

腕に近い胸の外側に負荷を感じている？

これでもOK

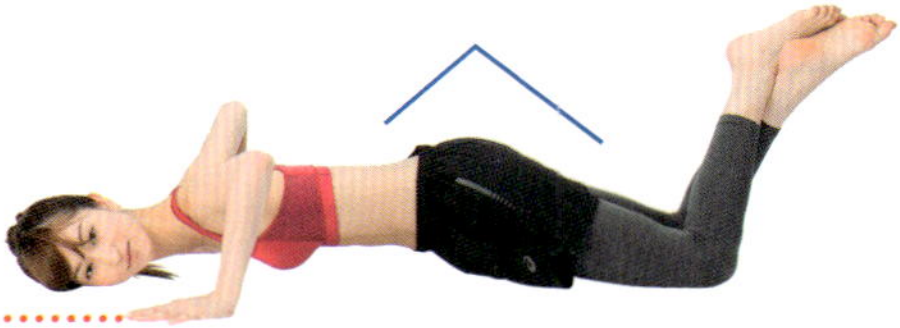

キツくて顔が床に近づけられない人は、青線ぐらいの位置までお尻をあげた状態で行ってもOK。その際、ヒザは、手により近い位置に置く

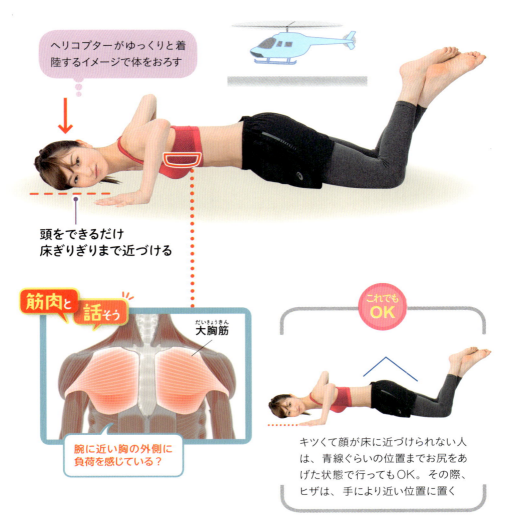

お尻のたるみをなくす ①

左右各
5回
1日
3セット

1 イスにつかまって、左足をあげる

イスの背などにつかまり立ち、
左足をあげて大きく息を吸う

できる人は
イスにつかまらずに
やってもOK

2 5秒数えて 足を後ろに伸ばす

息を吐きながら５秒数えて左足を後ろに伸ばし、伸び切ったら体を戻す。10回くり返し、反対の足も同様に行う

筋肉と話そう

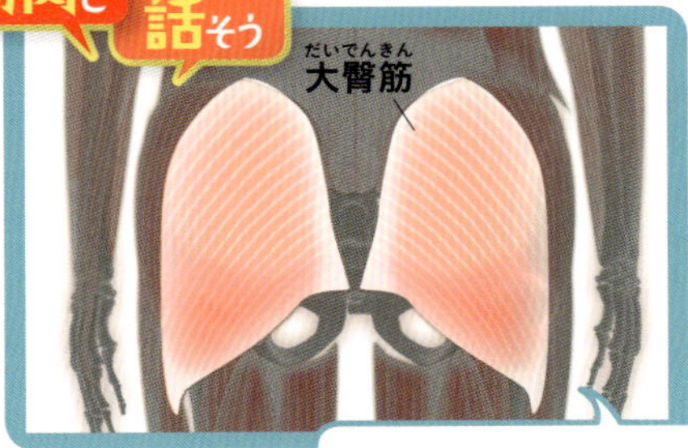

箱の重みを感じている？

やりがちNG

背中が大きく反るとお尻への負荷が弱まる。また、体を支える右脚を真っすぐ伸ばすとヒザを痛めるのでNG

お尻のたるみをなくす②

10回
1日3セット

1 仰向けになってヒザを立てる

床に仰向けになり、手を左右に広げてヒザを立てる

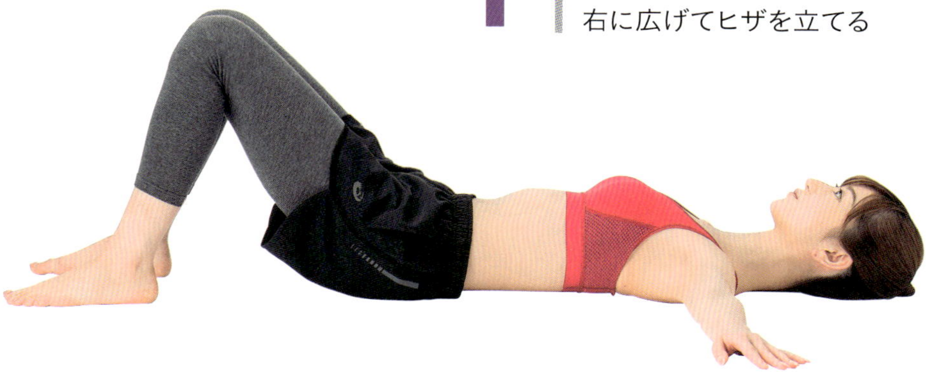

やり方は基本的に同じ。
息を吸いながら腰をあげ、
息を吐きながらおろす

レベルUP!

上のトレーニングがラクに出来るようになったら、イスやバランスボールに足を乗せて負荷を高めよう

2 息を吸いながら腰をあげて5秒数える

息を吸いながら腰をあげる。腰があがりきったところで５秒数える。息を吐きながらゆっくり体を戻す。10回くり返す

この部分が地面と平行になるのがベスト

胸やアゴの形は気にせず、お尻に意識を集中させる

背中の下から傘が開いてくるイメージで腰をあげる

筋肉と話そう

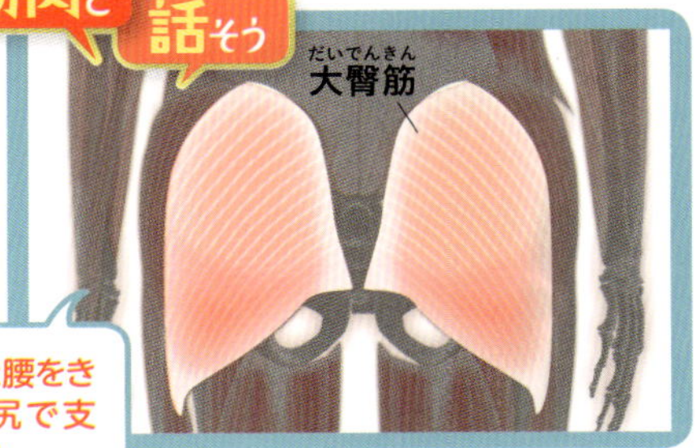

あげきった腰をきちんとお尻で支えている？

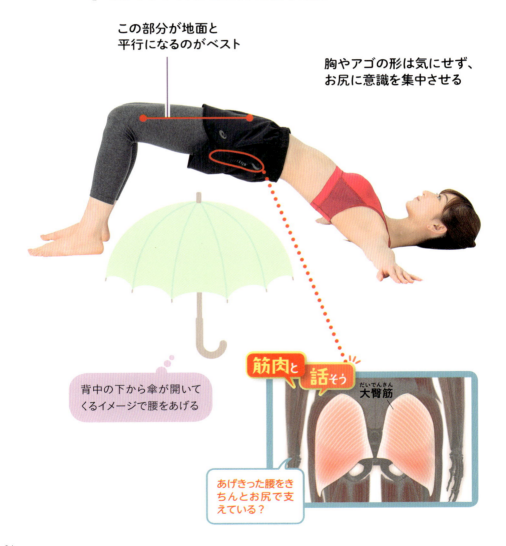

スラッとしなやかに脚を引き締める①

左右各20往復
1日3セット

1 イスに浅く座って背筋を伸ばす

イスに軽く座って背筋を伸ばす。このとき体が左右に傾かないように注意する

背中は背もたれに少しかかってもよい
両手はイスの座面にそえる

2 右足をあげ、ワイパーのように左右に動かす

右足をイスの座面の高さまであげ、足の裏は正面にむけて息を吸う。息を吐きながら足を小指側に5秒かけて倒してゆっくり戻す。次に息を吸い、息を吐きながら足を親指側に5秒かけて倒してゆっくり戻す。これを1往復として20往復行う。反対の足も同様に行う

座面の高さまで足があがらない人は、あがるところまででOK

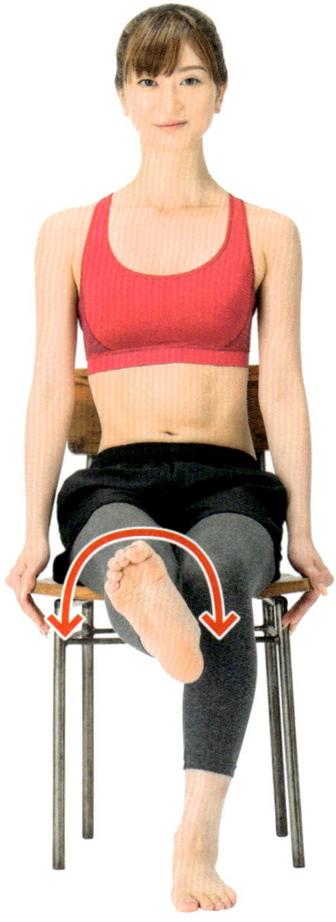

足でぞうきんを動かし、ワイパーのように鏡をふくイメージ

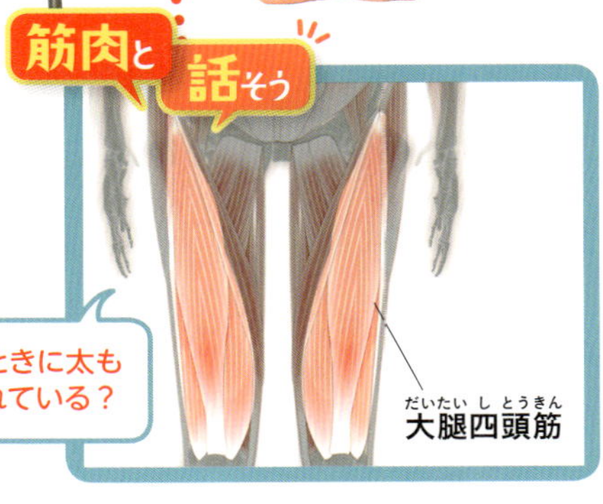
筋肉と話そう
足を倒すときに太ももが絞られている？
大腿《だいたい》四《し》頭筋《とうきん》

スラッとしなやかに脚を引き締める②

左右各5回
1日3セット

1 腰に手を当て真っすぐ立ち左手をあげる

足を閉じ、腰に手を当て真っすぐに立ち、左手をあげる

手のひらを正面に向ける

足を閉じた状態でヒザは曲げずに真っすぐに立つ

2 右太ももをあげて5秒数える

大きく息を吸いながら右太ももをあげ、同時に左足のつま先を立てる。その状態で息を止め5秒数える。息をゆっくり吐きながら右脚とかかとをおろす。これを5回くり返す。反対側も同様に行う

これでもOK

太ももは高くあげなくても安定する高さで止めてOK。どうしても体がグラグラするときには、手をあげず、カベなどに手をついてもよい

チアリーダーが手と脚をあげてダンスをするイメージ

手はあげたまま、上に伸びる感じで

かかとをできるだけあげるように意識

筋肉と話そう

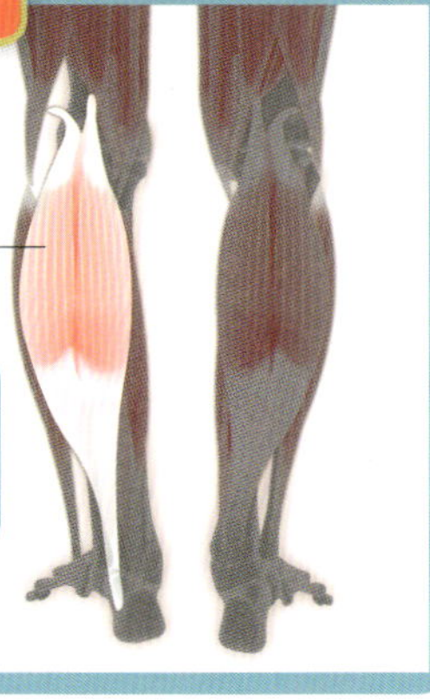

かかとをあげてふくらはぎの筋肉は伸びている？

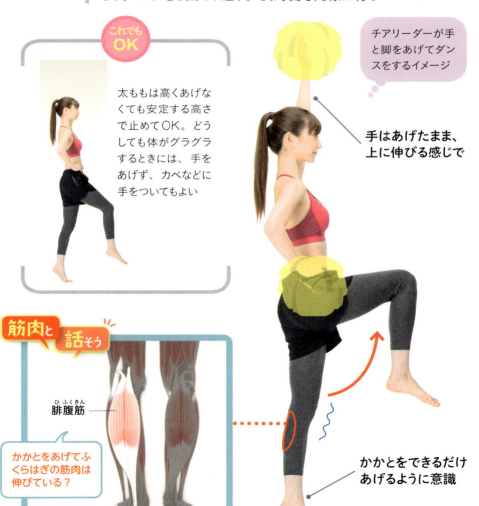

キュッと締まった腹筋をつくる①

5往復

1日
3セット

1 床に寝て脚をあげる

床に仰向けになり、両脚を床と直角にあげて大きく息を吸う

仰向けに寝てヒザを立てたところからスタート

手は左右に自然な形で置く

視線は真っすぐ上を見る

2 両脚を左側に ゆっくり5秒数えながら倒す

息を吐きつつ、両脚をあわせたまま左側に5秒数えながら倒す。床につくギリギリで脚を止め、息を吸いながら脚を戻す。反対側も同様に行う。これを1往復として5往復行う

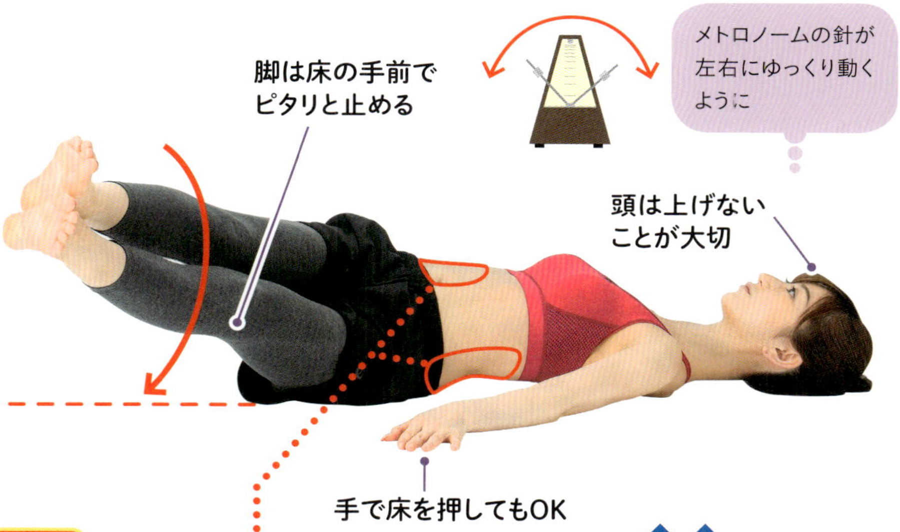

筋肉と話そう

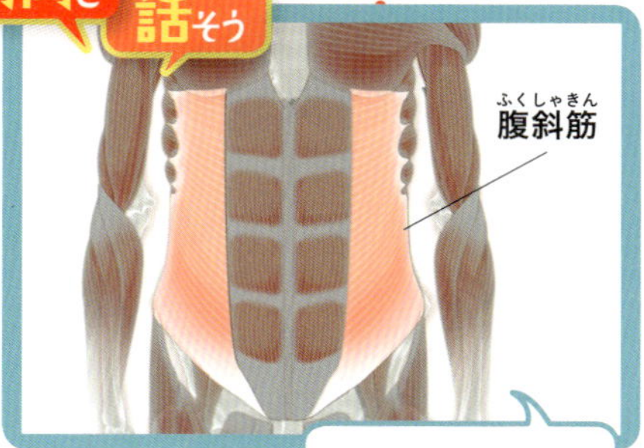

脚を倒すとき、脇腹の筋肉をちゃんと使えている？

やりがちNG

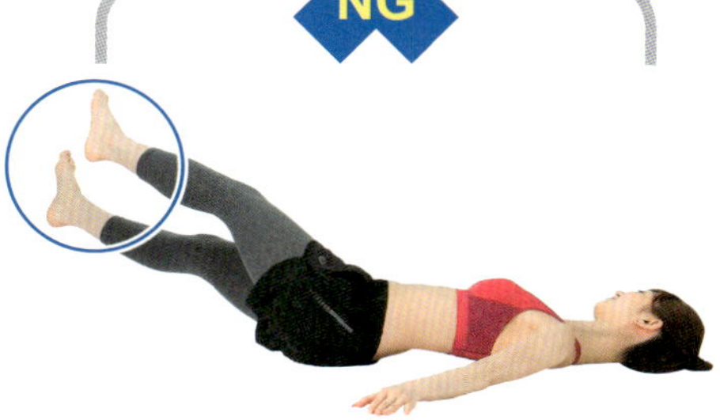

脚が揃わずバラバラになると、お腹に負荷がかからないので注意

キュッと締まった腹筋をつくる②

左右各10回
1日3セット

1 足と手で体を支える

手を床について脚を伸ばし、左足を交差させてつま先を立て、手と足先で体を支える。息を大きく吸う

腰が曲がらないように注意
左足を上にして組む
左手を脚のほうにややずらす

2 息を吐きながら腰をひねる

息を吐きながら５秒かけて腰を左へひねる。次に息を吸いながら体を戻す。10回くり返す。足を上下組み替えて反対側も同様に行う

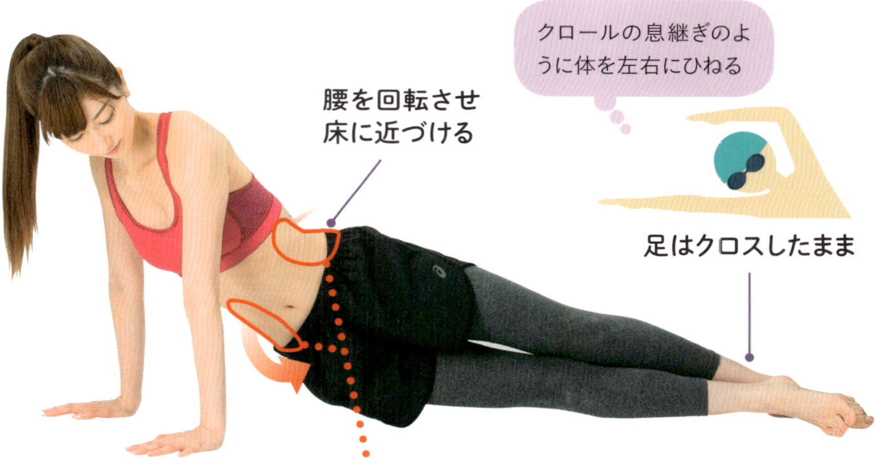
クロールの息継ぎのように体を左右にひねる
腰を回転させ床に近づける
足はクロスしたまま

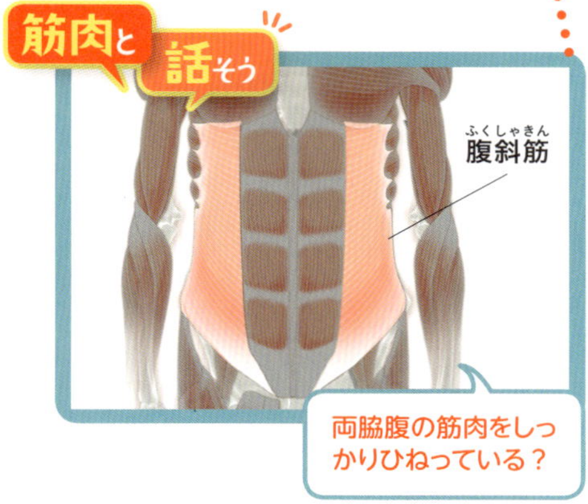
筋肉と話そう
腹斜筋《ふくしゃきん》
両脇腹の筋肉をしっかりひねっている？

やりがち NG

腕を曲げてしまうと、お腹に負荷がかからなくなるので要注意

column 2

トレーニングを行う正しい時間帯とは?

5秒腹筋は、筋肉量を増やして脂肪を落とすことが狙いです。それには「成長ホルモン」も大いに関係しています。厳密にいうと、トレーニングをしたことで脂肪が減っていくのではなく、トレーニング後に成長ホルモンが分泌されて筋肉が発達し、その結果基礎代謝が増えて脂肪が燃焼されるしくみです。

成長ホルモンは、運動後と睡眠中に多く分泌されるといわれています。特に良質な睡眠時に多く分泌されます。

このことを最大限に利用するために、5秒腹筋は夜寝る1時間前までに行うのがベストといえます。トレーニング後は汗もかくので、夜、お風呂に入る前に行いましょう。夕食をとり、落ち着いたところで5秒腹筋のトレーニングをして、お風呂でしっかりと汗を流し睡眠に入る。これが理想のトレーニングタイムです。

5秒腹筋は激しいトレーニングではないので、就寝1時間前に行っても、睡眠を妨げることはありません。適度な運動とお風呂のリラックスタイムで、睡眠時間をより良質なものにし、トレーニング効果を高めていきましょう。

STEP

3

5秒腹筋の効果を高める

正しい食事のとり方

トレーニングと一緒に食事も意識してみましょう。5秒腹筋では、食事制限をすることよりも“高タンパク”と“低脂肪”の、2つを意識することを重要としています。

筋肉をつくるベストパートナー

効果を倍増させる食事法

基本は高タンパク＆低脂肪

お腹を凹ませるためには、トレーニングに加えて筋肉をつくる食事が重要です。ここでは効率よく筋肉をつくるための食事法をみていきましょう。

筋肉をつくるためには、栄養素の中でも特にタンパク質が大事。タンパク質は小腸でアミノ酸に分解されることで筋肉をつくる働きを促します。タンパク質によって筋肉が増えれば基礎代謝があがり、効率よく脂肪を燃やす体になります。**つまりやせやすい体質になっていきます**。

2週間プログラムを行っている間は、左の表を参考に、できるだけ多くのタンパク質を摂取しましょう。ただし多くとればよいというものでもありません。タンパク質のとり過ぎは、体内での消費が追いつかず逆に太ってしまうことも。**一日のタンパク質は男性120g、女性100gまでを目安**とし、これを1日3食に分けて効率よくとり込みたいものです。

また脂質の多い食品はできるだけ避けましょう。脂質のとり過ぎは体内に脂肪が蓄積され、せっかくの運動も台なしに。**「高タンパクで低脂肪」**の食事を目指しましょう。

食品に含まれるタンパク質の目安

タンパク質が多く含まれる食材

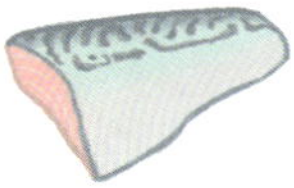

サバ
タンパク質24.7g
（1切120gあたり）

牛モモ肉
タンパク質19.5g
（100gあたり）

焼き魚（ホッケ）
タンパク質18.1g
（1枚100gあたり）

鮭
タンパク質18.0g
（1切80gあたり）

木綿豆腐
タンパク質13.2g
（1/2丁200gあたり）

ノンオイルツナ（缶）
タンパク質12.9g
（1缶70gあたり）

豚レバー
タンパク質12.2g
（60gあたり）

鶏ササミ肉
タンパク質9.2g
（1本40gあたり）

納豆
タンパク質7.4g
（1パック45gあたり）

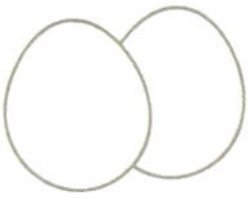

卵
タンパク質7.7g
（Mサイズ1個あたり）

牛乳
タンパク質6.6g
（200mlパック1本あたり）

プレーンヨーグルト
タンパク質3.6g
（1パック100gあたり）

せっかくのトレーニングが台なしに!?

極端な食事制限の落とし穴

食事を抜くと太りやすくなる

トレーニング中の食事を見直すことは、お腹を凹ます効果を確実にするためにも大事なポイントです。1日の食事回数を減らしていたり、食材が偏っていませんか。暴飲暴食、あるいは極端に量が少なくなっていたりしませんか。たとえば極端に食事制限をした場合、**体は一時的に飢餓状態になり、体内から栄養を奪おうとして細胞や筋肉を分解してしまいます**。せっかく鍛えた筋肉が落ち、そればかりか体の代謝も低下してしまいます。

さらに**栄養不足で体が飢餓状態になると、体は脂肪や糖質を体内にため込もうとして、むしろ太りやすい体質になってしまいます**。むりな食事制限は止めましょう。1日の食べる量は変えずに回数を増やし、こまめに食事するというのもおすすめです。

タンパク質を効率よく摂取する

タンパク質は、就寝前にとると効率よく吸収されるといわれます。また、人の成長にかかわる「成長ホルモン」は、就寝時に活発に分泌されます。まさにこのときが、筋肉をつくりやすい時間帯なのです。

食事の量は変えず回数を増やす

量は変えずに 3〜5回に分けよう

体の飢餓状態を防ぐため、1日あたりの食事量を3〜5回に分けて小まめに食べるのがおすすめ。夕食は21時までに済ませるようにしたい。

朝食 6:00
玄米、オムレツ、豆腐とわかめの味噌汁など

間食 10:00
ゆで卵、アーモンドなど

昼食 13:00
ゆで鶏、豆サラダ、ヨーグルトなど

間食 16:00
お菓子ではなく、おにぎりや納豆など

夕食 19:00
焼きサバ、鶏ハム、豆腐サラダなど

鍋

牛·豚·鶏·魚·豆腐、なんでも合う鍋物は野菜もたくさん食べられる。

鶏肉と梅の和え物

鶏ムネ肉やササミを蒸し（電子レンジでも可）、野菜、たたいた梅と和える。梅は疲労回復にも。

タンパク質重視の夕食メニュー

夕食は、就寝中に筋肉を修復·回復させるための大切な食事。糖質は控え、また、油を使わずに調理できる、低脂質なメニューにするのがポイント。野菜もとれるメニューならさらにヘルシーに。

タンパク質だけでは栄養不足に

「糖質」と「脂質」とのつきあい方

どちらもとり過ぎないことが大事

近年流行している「糖質オフ」。食べ過ぎると脂肪になる糖質を減らすことは重要ですが、しっかりとトレーニングをする5秒腹筋では、必要な栄養素でもあります。**エネルギー源となる糖質が不足した状態でトレーニングを行うと、体は筋肉からエネルギーを得ようとします**。これでは本来鍛えるべき筋肉を減らすことになってしまいます。トレーニング前には適度な糖質をとりましょう。

脂質は気をつけていないと、ついついとりすぎてしまいます。すると、エネルギー過多となり、運動量が少なかったりすると糖質も脂質もエネルギーとして消費されず、これが結果的に脂肪を貯め込む原因となります。また、脂質にも種類があります。特に肉類の脂身などに含まれる「脂」のとりすぎは注意。一方、**オリーブオイルなどの植物由来の良質な「油」は積極的にとりたいもの**です。これは筋肉にとっても健康にとっても欠かせない要素です。揚げ物や天ぷらなど、明らかに油の多いものは極力避け、また、「脂」を意識的にとらないようにするのがコツです。

脂質を減らすコツ

今すぐできる脂質カットの方法

- 揚げ物が多いコンビニ、市販のお弁当は避ける
- ステーキは脂身をカットする
- 焼肉ではサーロインは避け、ヒレを選ぶ
- 食品を選ぶときは成分表を見て脂質量をチェックする
- 牛乳は「低脂肪」「無脂肪」を選ぶ
- 亜《あ》麻《ま》仁《に》油《あぶら》、オリーブオイルなど良質な油を使う
- ノンオイルドレッシングを選ぶ

テフロン加工のフライパンなら、油をひかずに肉を焼くことができる。肉から出た油もキッチンペーパーなどで拭き取るとよい。

油を使わずに調理する

油を使わずに調理するのも脂質を減らすコツ。油なしで焼く、蒸す、ゆでるといった方法でさまざまな料理をつくることができる。どうしても焼き料理で油を使用する場合は、サラダ油は避け、亜麻仁油やオリーブオイルなど、トランス脂肪酸が含まれない油を選ぶこと。

蒸し料理は、余分な油を落とすことができるのでおすすめ。いろいろな野菜と肉や魚を蒸せばバランスよく食べられる。

不足を補って結果を出す！

トレーニング前後の栄養補給

前後に何をとるかが大切

お腹を凹ませるための食事で大切なのはタンパク質ですが、トレーニング効果をあげるためにはエネルギー源となる糖質も必要です。運動中に糖質が足りずエネルギーが不足すると、せっかくつけた筋肉が分解されてしまいます。そうならないために**トレーニングの30分程前には糖質を補給しましょう**。おすすめは、手軽なバナナ。バナナには糖質のほか、筋肉の伸縮運動を促すカリウムが含まれています。また運動後には、疲労回復のためにクエン酸やビタミンCをとるとよいでしょう。柑橘《かんきつ》類に多く含まれています。

目的にあわせてプロテインをとる

忙しい人や、食欲がなくて食事で十分なタンパク質がとれない場合はプロテインがおすすめです。ただし、運動しないでプロテインを併用すると、タンパク質のとりすぎになる可能性があります。しっかりとトレーニングをして、タンパク質が補えない場合にのみ使用するようにしましょう。また、補助的にプロテインを使用しているだけであれば、筋肉がムキムキになるわけではないので安心してください。

目的にあわせて補いたい栄養素

サプリメントを上手にとってトレーニング効果をアップ

トレーニングの効率をアップしてくれる栄養素、アミノ酸。
食事だけで補うことが難しい場合はサプリメントを上手に利用してみましょう。

代謝を向上させたい

L-カルニチン

体内で分泌されるアミノ酸のL-カルニチンは、代謝を促し脂肪を燃焼させる効果があります。しかし、加齢とともにその分泌量は低下してしまい、これが肥満の原因にもなっています。L-カルニチンは牛肉やラム肉に多く含まれていますが、毎日食べるのは大変です。サプリメントで補って、効率よく脂肪を燃焼させるようにしましょう。

L-オルニチン

シジミに多く含まれ、肝機能を助けるアミノ酸の一種として知られるL-オルニチンには、成長ホルモンの分泌を促進する効果もあります。成長ホルモンの分泌が促されることにより、筋肉をつくる働きも促進されます。カルニチン同様、食品だけで必要量を補うことは難しいため、効果的にサプリメントで摂取するのがおすすめです。

筋肉を強化・維持したい

グルタミン

運動をしたときなどに多く消費されるアミノ酸、それがグルタミンです。運動をしてグルタミンが不足してくると、筋肉からグルタミンを供給しようとします。これではせっかくトレーニングをしても筋肉が成長しません。グルタミンは肉や魚などタンパク質を多く含む食品から摂取できますが、熱すると摂取しにくくなります。

BCAA

筋肉に必要な3つのアミノ酸、バリン、イソロイシン、ロイシンがBCAAです。これらは筋肉のエネルギー源となり、筋肉量の減少を防ぐなど、筋肉づくりに不可欠な栄養素ですが、運動によっても失われやすい特徴があります。タンパク質の多い食品から摂取できますが、サプリメントのほうが吸収もはやく効率的に補えます。

長く続けられることが大切!

リバウンドしない食生活

無理をせず習慣化する努力を

2週間のトレーニング中は食事も気を付けて頑張ったけれど、トレーニングが終わったとたんに生活が乱れたというケースは少なくありません。頑張った2週間の成果があっという間に元に戻ってしまいます。**大切なのは「高タンパク・低脂肪」の基本を守りながら、無理をせず習慣化すること**。たとえば好きなものを制限しすぎるとストレスが溜まり、その結果リバウンドする可能性もあります。食事を1日3~5回に分けてとるなど、自分にあった方法を見つけましょう。

ある研究で、アルコールは筋肉の発達を妨げるという結果があります。でも無理して禁酒するのではなく、飲む量を減らしたり、おつまみを食べ過ぎたりしないような意識のほうが大事です。

ごほうびでやる気をアップ

油の多い揚げ物やスイーツは、日常的に食べることを控えましょう。どうしても食べたくなったら、「2週間に1回」というように自分へのごほうびデーを決めて食べるようにします。

後悔しない飲み会のコツ

OKメニュー

野菜スティック

食物繊維が含まれる野菜を最初に食べておくと満腹感を得やすくなる。さらに、脂肪の吸収も抑えてくれる。

トマトサラダ

血糖値の上昇を抑え、低脂質なので積極的にとりたい。また、鶏ササミのサラダなどもタンパク質を補える。

焼き鳥

低カロリーな鶏のササミを選ぶようにする。タレは砂糖が含まれているので塩などでいただくとよい。

NGメニュー

ビール

糖質が多く含まれているので低糖質タイプのものを選ぶか、糖質の少ない焼酎などに替える。

サラダ+ドレッシング

一見、野菜をとっているからと安心しがちだが、脂肪になりやすい油が多い。ドレッシングは避けること。

唐揚げ

唐揚げなどの揚げ物は、油をたっぷりと含んでいてカロリーも高い。ダイエット中は避けたい。

脂肪の吸収を防ぐ「サポニン」は積極的にとる

脂肪の吸収を防いでくれる食べ物をとるのもおすすめ。枝豆や納豆、豆腐などの大豆製品に多く含まれるサポニンという成分は、脂肪が小腸で吸収されるのを防ぎ、血液中の脂質を洗い流してくれる働きがある。飲み会のときだけでなく、普段から積極的に食べよう。

著者 **松井 薫**（まつい かおる）

パーソナルトレーナー。柔道整復師（医療系国家資格）。国士舘大学特別研究員・非常勤講師。たかの友梨美容専門学校非常勤講師。日本医学柔整鍼灸専門学校特別選任講師。NESTA JAPAN 日本支部設立参画理事。幼少期に行った激しいスポーツの影響から、腰椎椎間板ヘルニアと腰椎分離症を発症。正しい運動法や減量法と、エビデンス（科学的根拠）を得た本物のプロスポーツトレーナーとなるため、国士舘大学体育学部と日本医学柔整鍼灸専門学校に進学。卒業後、パーソナルトレーナーとして各界著名人の体作りを担当。魅せる体作り・競技特性に応じた体作りの他、歪みの調整にも定評がある。任天堂「Wii Fit」のトレーニング監修を務めた他、トレーナー業界・治療家業界・フィットネス業界では初となる「徹子の部屋」（テレビ朝日系列）に出演。「世界一受けたい授業」（日本テレビ系列）や、「主治医が見つかる診療所」（テレビ東京系列）でも講師として出演中。主な著書は『1回5秒でお腹が凹むスクイーズトレーニング』（永岡書店）、『お腹やせの科学【脳をだまして効率よく腹筋を鍛える】』（光文社新書）など多数。

ホームページ http://www.matsuikaoru.net/

ブログ http://ameblo.jp/ewfitness/

モデル	松山英礼奈
撮影	森口鉄郎、富岡甲之（スタジオダンク）
ヘアメイク	太田絢子
イラスト	中川原透、二平瑞樹
筋肉図	株式会社BACKBONEWORKS
本文デザイン	関根千晴　佐藤明日香　中村理恵　山田素子（スタジオダンク）
執筆協力	穂積直樹、明道聡子（リブラ編集室）
編集協力	渡辺有祐　坂口柚季野（フィグインク）

5秒《びょう》腹《ふっ》筋《きん》 劇《げき》的《てき》腹《はら》やせトレーニング

2017年10月25日発行　第1版
2018年 4 月20日発行　第1版　第7刷

著　者	松井 薫
発行者	若松和紀
発行所	株式会社 西東社

〒113-0034　東京都文京区湯島2-3-13
http://www.seitosha.co.jp/
営業　03-5800-3120
編集　03-5800-3121〔お問い合わせ用〕

※本書に記載のない内容のご質問や著者等の連絡先につきましては、お答えできかねます。

ISBN 978-4-7916-2707-3